四特 教育系列丛书 SITEJIAOYUXILIECONGSHU

应对考试有办法

《"四特"教育系列丛书》编委会　编著

吉林出版集团股份有限公司
全国百佳图书出版单位

图书在版编目 (CIP) 数据

应对考试有办法/《"四特"教育系列丛书》编委会编著.
—长春：吉林出版集团股份有限公司，2012.4
（"四特"教育系列丛书/庄文中等主编.爱学习，
爱科学）
ISBN 978-7-5463-8687-4

I.①应… II.①四… III.①中小学－考试方法
IV.① G632.474

中国版本图书馆 CIP 数据核字（2012）第 044014 号

应对考试有办法

YINGDUI KAOSHI YOU BANFA

出 版 人	吴　强	
责任编辑	朱子玉　杨　帆	
开　　本	690mm × 960mm　1/16	
字　　数	250 千字	
印　　张	13	
版　　次	2012 年 4 月第 1 版	
印　　次	2023 年 2 月第 3 次印刷	

出　　版	吉林出版集团股份有限公司
发　　行	吉林音像出版社有限责任公司
地　　址	长春市南关区福祉大路 5788 号
电　　话	0431-81629667
印　　刷	三河市燕春印务有限公司

ISBN 978-7-5463-8687-4　　　　　定价：39.80 元

前　言

　　学校教育是个人一生中所受教育最重要组成部分,个人在学校里接受计划性的指导,系统地学习文化知识、社会规范、道德准则和价值观念。学校教育从某种意义上讲,决定着个人社会化的水平和性质,是个体社会化的重要基地。知识经济时代要求社会尊师重教,学校教育越来越受重视,在社会中起到举足轻重的作用。

　　"四特教育系列丛书"以"特定对象、特别对待、特殊方法、特例分析"为宗旨,立足学校教育与管理,理论结合实践,集多位教育界专家、学者以及一线校长、老师们的教育成果与经验于一体,围绕困扰学校、领导、教师、学生的教育难题,集思广益,多方借鉴,力求全面彻底解决。

　　本辑为"四特教育系列丛书"之《爱学习,爱科学》。

　　古今中外,许多成功人士都重视和强调学习方法的重要性。伟大的生物学家达尔文就曾说过:"一切知识中最有价值的是关于方法的知识。"著名的大科学家爱因斯坦的成功方程式则是"成功 = 艰苦的劳动 + 正确的方法 + 少说空话"。这也是爱因斯坦对其一生治学和科学探索的总结。我们不难看出正确的方法在成功诸因素中具有多么重要的位置。联合国教科文组织教育发展委员会在《学会生存》一书中指出:"未来的文盲不再是不识字的人,而是没有学会怎样学习的人。"也就是说,未来的文盲不是"知识盲",而是"方法盲"。所以,在教学中对学生进行正确学习方法教育极具重要性。本书包括提高智力的方法以及各种学习方法和各科学习方法等内容,具有很强的系统性、实用性、实践性和指导性。但要说明的是:"学习有法,但无定法,贵在得法"。教师在教学中要注意因材施教,注意学生的个体差异,进而施以不同的方法教育,这样才能让学生掌握最适合自己的学习方法和学习的金钥匙,从而终身享用。

　　科学是人类进步的第一推动力,而科学知识的普及则是实现这一推动的必由之路。在新的时代,社会的进步、科技的发展、人们生活水平的不断提高,为我们青少年的科普教育提供了新的契机。抓住这个契机,大力普及科学知识,传播科学精神,提高青少年的科学素质,是我们全社会的重要课题。科学教育,是提高青少年素质的重要因素,是现代教育的核心,这不仅能使青少年获得生活和未来所需的知识与技能,更重要的是能使青少年获得科学思想、科学精神、科学态度及科学方法的熏陶和培养。

　　本辑共20分册,具体内容如下:

　　1.《智能提高有办法》

　　智能提高可能性,与遗传基因和后天因素息息相关。遗传因素我们无法改变,能够改变的就是尽量利用后天因素。本书针对学生如何提高学习智能进行了系统而深入的分析和探讨,并给予了切实的指导,对中小学生颇有启发意义,具有很强的系统性、实用性、实践性和指导性。

　　2.《高效学习有办法》

　　高效学习法是一种富教于乐的教育方式和高效学习训练系统。它从阅读、记忆、速算、书写这四个方面入手,提高孩子的"速商"让孩子读的快,学的快,算的快,记的快,迅速提高学习成绩。本书针对学生如何提高学习效率进行了系统而深入的分析和探讨,并给予了切实的指导,对中小学生颇有启发意义,具有很强的系统性、实用性、实践性和指导性。

3.《提高记忆有办法》

人的大脑机能几乎都以记忆力为基础,只有记忆力好,学习、想象、创意、审美等能力才能顺利发展。那么如何才能记得更多、记得更牢、更有效地提高记忆力呢?本书帮助你找到提高记忆力的秘密,将记忆能力提升到顶点。本书针对学生如何提高记忆力进行了系统而深入的分析和探讨,并给予了切实的指导,对中小学生颇有启发意义,具有很强的系统性、实用性、实践性和指导性。

4.《阅读训练有办法》

本书以语境语感训练为主要教学法,以日常生活中必读的各种文体、范文讲解及阅读材料的补充为内容,从快速阅读入手,帮助学习者提高汉语阅读水平。学生在学习的过程,根据实际情况选用适应的学习方法,定能收到事半功倍的效果。

5.《轻松作文有办法》

写作是汉语的重要组成部分,在汉语中有举足轻重的地位。人们抒发感情需要写作,总结经验教训需要写作,记叙事件需要写作……总之,无论学习、工作、生活都离不开写作。本书针对学生如何提高写作能力进行了系统而深入的分析和探讨,并给予了切实的指导,对中小学生颇有启发意义,具有很强的系统性、实用性、实践性和指导性。

6.《课堂学习有办法》

课堂听课是学生在校学习的基本形式,学生在校学习的大部分时间是在听课中度过的。听课之所以重要,是因为大部分知识都得通过听老师的讲课来获取。要想学习好,首先必须学会听课。本书针对学生如何提高课堂学习能力进行了系统而深入的分析和探讨,并给予了切实的指导,对中小学生颇有启发意义,具有很强的系统性、实用性、实践性和指导性。

7.《自主学习有办法》

自主学习是与传统的接受学习相对应的一种现代化学习方式。以学生作为学习的主体,通过学生独立的分析、探索、实践、质疑、创造等方法来实现学习目标。本书针对学生如何提高自主学习能力进行了系统而深入的分析和探讨,并给予了切实的指导,对中小学生颇有启发意义,具有很强的系统性、实用性、实践性和指导性。

8.《应对考试有办法》

考试主要有两种目的:一是检测考试者对某方面知识或技能的掌握程度;二是检验考试者是否已经具备获得某种资格的基本能力。如何有效的准备考试,可分成考试前、考试中、考试后三个部分做说明。本书针对学生如何应对考试进行了系统而深入的分析和探讨,并给予了切实的指导,对中小学生颇有启发意义,具有很强的系统性、实用性、实践性和指导性。

9.《文科学习有办法》

综合文科的学习旨在帮助学生学会学习,学会分析研究人与自然、人与社会、人与自身关系中的现实问题,学会探讨解决问题的方法等,帮助学生树立终身学习的观念。在这个过程中不断培养学生的实践能力、创新意识和创造力。本书针对学生如何提高文科学习能力进行了系统而深入的分析和探讨,并给予了切实的指导,对中小学生颇有启发意义,具有很强的系统性、实用性、实践性和指导性。

10.《理科学习有办法》

理科学习要形成良好的学习习惯和有效的学习方法。总的来说,科学的学习方法可用如下此歌谣来概括:课前要预习,听课易入脑。温故才知新,歧义见分晓。自学新内容,要把重点找。问题列出来,听课有目标。听课要专心,努力排干扰。扼要做笔记,动脑多思考。课后须复习,回忆第一条。看书要深思,消化细咀嚼。本书针对学生如何提高理科学习能力进行了系统而深入的分析和探讨,并给予了切实的指导,对中小学生颇有启发意义,具有很强的系统性、实用性、实践性和指导性。

11.《组织阅读科学故事》

在我们生活的各个角落,疑问几乎无处不在,而这些疑问往往能激发孩子们珍贵的求知欲,它能引领孩子们正确的认识和了解世界,并进一步地探知世界的奥秘,是早期教育最为关键的环节。为了让孩子们更好的把握时代的脉搏,做知识的文人,我们特此编写了这本书,该书真正迎合了青少年的心理,内容涵盖广泛,情节生动鲜活,无形中破解孩子们心中的疑团,并且本书生动有趣,是青少年最佳的课外读物。

12.《培养科学幻想思维》

幻想思维是指与某种愿望相结合并且指向未来的一种想象,由于幻想在人们的创造活动中起着重要作用,在发明创造活动中应鼓励人们对事物进行各种各样的幻想.幻想思维可以使人们的思想开阔、思维奔放,因此它在创造中的作用是显而易见的。本书针对学校如何培养学生的幻想思维进行了系统而深入的分析和探讨,并给予了切实的指导,对中小学生颇有启发意义,具有很强的系统性、实用性、实践性和指导性。

13.《培养科学兴趣爱好》

怎样让学生对科学产生兴趣? 这是很多老师都想得到的答案。想学好科学,兴趣很关键。其实,生活中的许多小细节都蕴涵着丰富的科学知识,大家完全可以因地制宜,为学生创造个良好的环境,尽量给学生提供不同的机会接触各种活动。本书针对学校如何培养学生的科学兴趣爱好进行了系统而深入的分析和探讨,并给予了切实的指导,对中小学生颇有启发意义,具有很强的系统性、实用性、实践性和指导性。

14.《培养学习发明创造》

发明创造是科学技术繁荣昌盛的标志和民族进取精神的体现。有学者预言,二十一世纪将是一个创造的世纪,而迎接这个创造世纪的主人,正是我们那些在校学习的孩子们。因此对青少年进行发明创造教育,就显得极其重要了。心理学家研究表明,青少年的好奇心正是他们探索世界,改造世界,产生创造欲望的心理基础。通过开展青少年发明创造活动,鼓励青少年去发现新问题,提出新设想,实现新目标,这是培养他们的创新精神,提高他们的创造力的最好途径。

15.《培养科学发现能力》

阿基米德在洗澡时发现了阿基米德定律,牛顿看到苹果落地,最终得出了牛顿第一运动定律。在科学史上,这样的事例还有很多,它证明科学并不神秘,真理并不遥远,只要我们能见微知著,善于发问,并不断探索,那么,当你解答了若干个问题之后,就能发现真理。本书针对学校如何培养学生的科学发现能力进行了系统而深入的分析和探讨,并给予了切实的指导,对中小学生颇有启发意义,具有很强的系统性、实用性、实践性和指导性。

16.《组织实验制作发明》

科学并不神秘，更没有什么决定科学力量的"魔法石"，科学的本质在于好奇心和造福人类的理想驱使下的探索和创新。自然喜欢保守她的奥秘，往往不直接回应我们的追问，但只要善于思考、勤于动手、大胆假设、小心求证，每个人都能像科学大师一样——用永无止境的探索创新来开创人类的文明。本书针对学校如何组织学生实验制作发明进行了系统而深入的分析和探讨，并给予了切实的指导，对中小学生颇有启发意义，具有很强的系统性、实用性、实践性和指导性。

17.《组织参观科普场馆》

本书集中介绍了全国多家专题性科普场馆。这些场馆涉及天文、地质、地震、农业、生物、造船、汽车、交通、邮政、电信、风电、环保、公安、银行、纺织服饰、中医药等多个行业和学科领域。本书再现了科普场馆的精彩场景;科普场馆的基本概况、精彩展项、地理位置、开放时间、联系方式等多板块、多角度信息，全面展示了科普场馆的风采，吸引读者走进科普场馆一探究竟。本书是一本科普读物，更是一本参观游览的实用指南。通过本书的介绍能让更多的观众走进科普场馆。

18.《组织探索科学奥秘》

作为智慧生物的人类自诞生之日起就开始了漫长的探索进程，人类的发展史就是一部探索科学、利用科学史。镭的发现，为人类探索原子世界的奥秘打开了大门。万有引力的发现，使人们对天体的运动不在感到神秘。进化论的提出，让人类知道了自身的来历……探索让人类了解生命的起源秘密，探索让人类掌握战胜自然的能力，探索让人类不断进步，探索让人类完善自己。尽管宇宙无垠、奥秘无穷，但作为地球的主宰者，却从未停下探索的步伐。因为人类明白:科学无终点，探索无穷期。

19.《组织体验科技生活》

科技总是不断在进步着，并且改变着我们的生活，让我们的生活变得更加多彩。学校科学技术普及的目的是使广大青年学生了解科学技术的发展，掌握必要的知识、技能，培养他们对科学技术的兴趣和爱好，增强他们的创新精神和实践能力，引导他们树立科学思想、科学态度，帮助他们逐步形成科学的世界观和方法论。本书针对学校如何组织学生体验科技生活进行了系统而深入的分析和探讨，并给予了切实的指导，对中小学生颇有启发意义，具有很强的系统性、实用性、实践性和指导性。

20.《组织科技教学创新》

现在大家提倡素质教育，科学素质是素质教育的重要组成部分，学生科学素质培养的核心是培养学生的创新精神和创新能力，创新能力的培养、开发应从幼儿开始，在长期的教学、训练过程中逐步形成和发展。小学科技教学，在培养学生创新精神和创新能力中，起着举足轻重的作用。帮助学生树立新的观念，主动地、富有兴趣地学习新的科学知识，去观察、探索、实验现实生活乃至自然界的问题，在课内外展开研究性的教学活动等，是行之有效的。但是，科技活动辅导任重而道远，这就要求科技课教师不断探索辅导方法，不断提高辅导水平，为全面推进素质教育，实施科教兴国战略奠定坚实的人才和知识基础。

由于时间、经验的关系，本书在编写等方面，必定存在不足和错误之处，衷心希望各界读者、一线教师及教育界人士批评指正。

编者

目　录

第一章　学生提高考试能力理论指导 ……………… （1）

1. 学生考试的功能 ………………………… （2）

2. 学生考试的作用 ………………………… （5）

3. 影响学生考试的因素 …………………… （16）

4. 培养学生应考能力的方法 ……………… （18）

5. 提高学生考试能力的方法 ……………… （22）

6. 培养学生考试记忆能力的方法 ………… （24）

7. 解决考试时马虎的方法 ………………… （27）

8. 提高考试做题速度的技巧 ……………… （30）

9. 学生考试焦虑的辅导方法 ……………… （33）

10. 训练学生考试审题的技巧 ……………… （40）

11. 学生考试的复习方法 …………………… （42）

12. 学生临考前的复习方法 ………………… （44）

13. 尖子生学习的复习方法 ………………… （49）

14. 学生开卷考试的复习方法 ……………… （53）

15. 高考语文的复习方法 …………………… （56）

16. 高考数学的复习方法 …………………… （58）

17. 高考英语的复习方法 …………………… （62）

18. 高考物理的复习方法 ⋯⋯⋯⋯⋯ *(63)*

19. 高考化学的复习方法 ⋯⋯⋯⋯⋯ *(66)*

第二章　学生提高考试能力故事推荐 ⋯⋯⋯⋯ *(69)*

1. 电话问题 ⋯⋯⋯⋯⋯⋯ *(70)*

2. 水草 ⋯⋯⋯⋯⋯⋯⋯⋯ *(70)*

3. 谁的年龄大 ⋯⋯⋯⋯⋯⋯ *(70)*

4. 商场购物 ⋯⋯⋯⋯⋯⋯ *(71)*

5. 雪地上的脚印 ⋯⋯⋯⋯⋯ *(71)*

6. 亲兄弟 ⋯⋯⋯⋯⋯⋯⋯ *(72)*

7. 录取情况 ⋯⋯⋯⋯⋯⋯ *(72)*

8. 谁是男性谁是女性 ⋯⋯⋯⋯ *(73)*

9. 真正的朋友是谁 ⋯⋯⋯⋯⋯ *(73)*

10. 有几个天使 ⋯⋯⋯⋯⋯⋯ *(74)*

11. 谁在后面，谁在前面 ⋯⋯⋯⋯ *(74)*

12. 赴宴会 ⋯⋯⋯⋯⋯⋯⋯ *(75)*

13. 如何报案 ⋯⋯⋯⋯⋯⋯ *(75)*

14. 谁送的礼品 ⋯⋯⋯⋯⋯⋯ *(75)*

15. 魔力棋牌 ⋯⋯⋯⋯⋯⋯ *(76)*

16. 音乐会上的阴谋 ⋯⋯⋯⋯⋯ *(77)*

17. 国王出的题 ⋯⋯⋯⋯⋯⋯ *(77)*

18. 张老师生日是哪一天 ⋯⋯⋯⋯ *(78)*

19. 小明属于哪个家庭 ⋯⋯⋯⋯ *(78)*

20. 密码的学问 ⋯⋯⋯⋯⋯⋯ *(79)*

21. 杂技演员 ⋯⋯⋯⋯⋯⋯ *(80)*

22. 猜国籍 ⋯⋯⋯⋯⋯⋯⋯ *(81)*

23. 满地木屑 ⋯⋯⋯⋯⋯⋯ *(81)*

24. 夜半敲门 ……………………………… (81)

25. 夏日拍不出的照片 …………………… (82)

26. 孪生姐妹 ……………………………… (82)

27. 半根火柴 ……………………………… (83)

28. 笨人俱乐部 …………………………… (83)

29. 张先生的未婚妻 ……………………… (84)

30. 企鹅肉 ………………………………… (84)

31. 判断血缘关系 ………………………… (85)

32. 小猫的名字叫什么 …………………… (85)

33. 跳火车 ………………………………… (85)

34. 两对三胞胎 …………………………… (86)

35. 白纸破案 ……………………………… (86)

36. 猜年龄 ………………………………… (87)

37. 餐馆谋杀案 …………………………… (87)

38. 副司机姓什么 ………………………… (88)

39. 三兄弟锁橱门 ………………………… (88)

40. 葬礼的故事 …………………………… (89)

41. 今天星期几 …………………………… (89)

42. 智者的手法 …………………………… (90)

43. 谁杀害了医生 ………………………… (91)

44. 被替换的毒药 ………………………… (92)

45. 教书先生的文约 ……………………… (93)

46. "爸爸"没叫错 ……………………… (93)

47. "口"字的含义 ……………………… (93)

48. 安全进入湖心岛 ……………………… (94)

49. 一句识破真面目 ……………………… (94)

50. "困"字与"囚"字 …………………………… （94）

51. 简单分油 …………………………………… （95）

52. 提起冰块 …………………………………… （95）

53. 怎样吊瓶子 ………………………………… （96）

54. 谁偷了戒指 ………………………………… （96）

55. 父亲和儿子过河 …………………………… （96）

56. 地球是谁的 ………………………………… （97）

57. 枪杀事件咋回事 …………………………… （97）

58. 枯井的深度 ………………………………… （97）

59. 准确称出木料重量 ………………………… （98）

60. 巧妙排列杯子 ……………………………… （98）

61. 司机是聋子吗 ……………………………… （98）

62. 猫妈妈买回的是什么 ……………………… （99）

63. 汽车没有撞伤盲人 ………………………… （99）

64. 交回羊又交回钱 …………………………… （99）

65. 利用什么计时间 …………………………… （100）

66. 等汽车开过后 ……………………………… （100）

67. 两人乘小船 ………………………………… （100）

68. 儿子与爸爸的分别 ………………………… （101）

69. 谁的儿子被摔伤 …………………………… （101）

70. 小飞学轻功 ………………………………… （101）

71. 一天黑几次 ………………………………… （102）

72. 为何锁不见了 ……………………………… （102）

73. 狮子和猎豹赛跑 …………………………… （102）

74. 不花钱邮信 ………………………………… （103）

75. 小花猫偷鱼吃 ……………………………… （103）

76. 人和猴分吃苹果 ·············· （103）

77. 小店铺挂奇招牌 ·············· （104）

78. 鹦鹉咳嗽不止 ················ （104）

79. 小偷没有脚印 ················ （104）

80. 年轻猎人捕熊 ················ （105）

81. 摘什么果子 ·················· （105）

82. 老师说什么 ·················· （106）

83. 波勃的船变没变 ·············· （106）

84. 盲人买到黑罐子 ·············· （106）

85. 岳飞写了什么字 ·············· （107）

86. 孙悟空和如来佛斗法 ·········· （107）

87. 唐伯虎骂王爷 ················ （108）

88. 包公追查马鞍案 ·············· （108）

89. 小孩考孔子的怪问题 ·········· （108）

90. 李白考杜甫三个字 ············ （109）

91. 放火烧房子 ·················· （109）

92. 这幅画怎么画 ················ （110）

93. 哪个得了铜牌 ················ （110）

94. 谁打碎了玻璃 ················ （110）

95. 唐伯虎画画 ·················· （110）

96. 神箭将军数老鹰 ·············· （111）

97. 学习委员考试不及格 ·········· （111）

98. 母女买衣服 ·················· （111）

99. 随便一枪都打中 ·············· （112）

100. 没有一个人受伤 ············· （112）

101. 乒乓球躲到哪里 ············· （112）

102. 小白兔分萝卜 …………………………… (*112*)

103. 老黄牛吃亏 …………………………… (*113*)

104. 谁被雷击中 …………………………… (*113*)

105. 丸石赶走侵略者 …………………………… (*113*)

106. 字迹怎么消失了 …………………………… (*114*)

107. 倒立水杯 …………………………… (*114*)

108. 怎样放糖盒 …………………………… (*114*)

109. 小狗哪里去了 …………………………… (*115*)

110. 货车开进城门 …………………………… (*115*)

111. 又被抓住 …………………………… (*116*)

112. 司机"撞"入人群 …………………………… (*116*)

113. 狼拿小山羊没办法 …………………………… (*116*)

114. 捎来的奇怪信 …………………………… (*117*)

115. 巧加标点 …………………………… (*117*)

116. 两人过独木桥 …………………………… (*117*)

117. 谁说真话 …………………………… (*118*)

118. 小星被冲走 …………………………… (*118*)

119. 不给老人让座 …………………………… (*118*)

120. 满足每人的吃喝 …………………………… (*119*)

121. 小铁嘴遇到顺口溜 …………………………… (*119*)

122. 刘、关、张爬枣树 …………………………… (*120*)

123. 地球照不到太阳 …………………………… (*120*)

124. 鸟儿哪里去了 …………………………… (*120*)

125. 10 盆鲜花摆满屋 …………………………… (*121*)

126. 两只耳朵都用了 …………………………… (*121*)

127. 招聘考试的奇怪题目 …………………………… (*121*)

128. 智取王冠 ……………………………………… （122）

129. 船上卸西瓜被摔碎 …………………………… （122）

130. 蚊子搞沉大型油轮 …………………………… （122）

131. 最佳答案 ……………………………………… （123）

132. 睡着和醒着 …………………………………… （123）

133. 盲人提灯笼 …………………………………… （123）

134. 喝着瓶中的酒 ………………………………… （124）

135. 三根铁棒运过河 ……………………………… （124）

136. 计算 …………………………………………… （124）

137. 奶奶买回几个鸡蛋 …………………………… （125）

138. 仓库有多少吨原料 …………………………… （125）

139. 西瓜原来有多少克 …………………………… （125）

140. 正确的答案是多少 …………………………… （125）

141. 共有几个萝卜 ………………………………… （126）

142. 猩猩分香蕉 …………………………………… （126）

143. 抓牌游戏 ……………………………………… （126）

144. 他为什么知道 ………………………………… （126）

145. 口袋里有多少钱 ……………………………… （127）

146. 如何报数 ……………………………………… （127）

147. 巧玩火柴 ……………………………………… （127）

148. 穷人梦想发财 ………………………………… （128）

149. 货场有多少吨炭 ……………………………… （128）

150. 幽灵杀手 ……………………………………… （129）

151. 追捕逃狱犯 …………………………………… （129）

152. 沙丘杀人 ……………………………………… （130）

153. 毒蘑菇杀人事件 ……………………………… （131）

154. 名侦探，宫本武藏 ……………………………… （132）

155. 看不见的证据 …………………………………… （133）

156. 真假夫妻 ………………………………………… （134）

157. 秘密接头 ………………………………………… （135）

158. 夕阳告诉我 ……………………………………… （135）

159. 名画失踪案 ……………………………………… （136）

160. 谜样的绑票犯 …………………………………… （136）

161. 一对经济合伙人 ………………………………… （137）

162. 她不是吸血鬼 …………………………………… （138）

163. 大脚男人 ………………………………………… （138）

164. 喝苦药的考验 …………………………………… （139）

165. 绳子是帮凶 ……………………………………… （140）

166. 不可思议的宴会 ………………………………… （140）

167. 一场不在现场的戏 ……………………………… （141）

168. 遗产安然无恙 …………………………………… （142）

169. 火柴棍之谜 ……………………………………… （143）

170. 满船财宝 ………………………………………… （143）

171. 幽灵人 …………………………………………… （145）

172. 夏夜的怪盗 ……………………………………… （146）

173. 证据何在 ………………………………………… （147）

174. 运钞车失窃案 …………………………………… （147）

175. 越狱的囚犯 ……………………………………… （148）

176. 过河 ……………………………………………… （149）

177. 谁的存活机率最大 ……………………………… （149）

178. 他们分别是哪里人 ……………………………… （150）

179. 谁是凶手 ………………………………………… （151）

180. 共有几条病狗 …………………………… (151)

181. 为什么呢 ………………………………… (152)

182. 几艘来自纽约的船 ……………………… (152)

183. 如何找出不标准的球 …………………… (153)

184. 老师的生日是哪一天 …………………… (153)

185. 哪位小姐养蛇 …………………………… (153)

186. 谁说了假话 ……………………………… (154)

187. 找出正确的做法 ………………………… (155)

188. 哪只兔子死掉了 ………………………… (155)

189. 谁和谁是夫妻 …………………………… (156)

190. 结果如何 ………………………………… (156)

191. 哪种说法对 ……………………………… (157)

192. 小狗巧斗黄鼠狼 ………………………… (157)

193. 如何渡江 ………………………………… (158)

194. 谁最能干 ………………………………… (158)

195. 女服务员 ………………………………… (159)

196. 妙计脱身 ………………………………… (159)

197. 漂流两省 ………………………………… (160)

附：答案 ………………………………………… (160)

第一章

学生提高考试能力理论指导

1. 学生考试的功能

近年来，每逢高考、中考前后，社会上和学术界都会自觉或不自觉地掀起一股讨论教育考试功能与作用的热潮。从理论上讲，考试是服务于教育、服务于学生发展的，但由于历史和现实的诸多原因，教育考试制度的本体功能和作用被严重扭曲和异化，教育与考试的关系本末倒置，本应作为手段和工具的考试却成了教育教学的目标和核心。一些违背考试规律、不符合考试原则的现象普遍存在。

随着素质教育的全面倡导和实施，关于高考、中考存废与改革等问题的争论更加激烈。笔者以为，在社会和教育大变革时代，我们要以科学发展观统领教育考试与评价制度改革，努力适应建设和谐社会和创新型国家的战略要求，重新审视教育考试的功能，回归教育考试的本质，这既是考试改革必须面对的问题，也是教育改革必须解决的问题。

教育考试的功能

教育考试应该具备什么样的功能？作为我国教育体系基本制度之一的教育考试，对人才培养和教育教学具有评定、选拔、诊断、反馈、预测和激励等多种功能，这些功能不是相互分割的，而是综合起作用的。它对教育、识才、用才等诸多方面都有着广泛的应用价值，是教育管理必不可少的手段。

（1）评定与选拔功能

评定与选拔功能即教育考试可以评估、鉴定学生的知识与能力方面是否达到规定的水平和标准，同时，通过考试成绩选拔人才是一条大众公认较为公平、公正的途径。

（2）诊断与反馈功能

诊断与反馈功能即教育考试可以检测学生知识、能力的掌握程度，给学生提供改进学习方法的信息，给教师提供调整和改进教学进度的信息。

（3）提高和预测功能

提高和预测功能即教育考试可以提高学生素质、能力和预测学生潜能及未来发展趋势。考试可以提高和强化学生的科学文化知识，提高学生的心理素质，通过考试，可以在了解被试者现状的同时，看到被试者未来发展的趋势。

（4）导向与激励功能

导向与激励功能即人们都说考试是一根"指挥棒"，考试的要求指向哪里，教师和学生就会朝哪里努力，以期达到考试的要求，取得优异的考试成绩。

考试成绩是衡量教与学有效性的一个质量指标，考试获得优异成绩就意味着"教"与"学"取得双丰收。这种"成就欲"能极大地激励考生及教育者的积极性和上进心，促使他们更加勤奋地学习和工作。

考试功能的表现

考试由手段和工具变成了教学的目的。教育与考试的关系本末倒置。考试本应是服务于教育、服务于学生发展的，如今却成了教学的目的和核心，学校教育从教学内容到教学方式都受到高考、中考等重大考试的冲击和影响。

考试的检测功能变成淘汰功能。教育考试的本体功能是"学什么、考什么"的检测功能，现实中却变成了"考什么、学什么"的淘汰功能。在教育资源，尤其是优质资源相对不足的情况下，中考、高考的成败在很大程度上决定着学生未来的学习和生活走向。

这一现实影响着地方党政领导的政绩观，也左右着教师和校长的行动：跟着考试"指挥棒"，考什么就教什么，怎么考就怎么教，考多难就教多难。考试引导着教学，教学服从于考试。这种极具选拔性和淘汰性的考试，给学生造成巨大的心理压力，以至于把他们的学习引向"应试"的歧途。

考试由教育评价的一部分变成全部。社会上用升学率作为评价一个学校好坏的唯一标准，教育系统内部评价也同样注重升学率指标。以考试代替全部教育评价反映了当前我国教育评价机制的缺失。

它主要表现在以下三个方面：评价方式单一，过于强调甄别与选拔，以"分"为导向，以"率"为标准，并以此作为评价学校、教师和学生的重要标准；偏重智育，忽视学生德育、体育、美育的评价；评价的同质化，用划一的标准去界定人才培养规格，评价教育质量，衡量存在差异的学生发展水平。

教育考试的作用

几千年来，考试之所以能延续不衰，是因为它是人类迄今为止创造的测量学生的知识和智能所用的方法中比较客观、公正、准确、高效的一种方法。实践证明，教育考试不是万能的，但没有教育考试是万万不能的。

现今，英、美等发达国家不但没有取消高考制度，而且还在不断强化和完善。英国中小学生在 11 岁、14 岁、16 岁 3 个年龄段都要参加全国统考，而且对全国各学校的考试成绩排名公布。

在美国，中学生申请上大学影响最大的考试是"学业能力评估考试"和"美国大学测评考试"。SAT 考试一年举行 7 次，考试内容有数学和语文各 3 部分，时间为 3 小时。其成绩往往决定学生的选择范围，成绩拔尖的有希望读名牌大学。

1977 年，中国改革开放的总设计师邓小平，不仅提出恢复高考，而且在 1978 年 4 月 20 日的一次全国教育工作会议上高瞻远瞩地指出："考试是检查学习情况和教学效果的一种重要方法，如同检验产品质量是保证工厂生产水平的必要制度一样。当然也不能迷信考试，把它当做检查学习效果的唯一方法。

要认真研究、试验、改进考试的内容和形式，使它完善起来。对于没有考好的学生，要鼓励和帮助他们继续努力，不要因此造成不必要的精神负担。"当前，学习好、领会好、落实好小平同志的这段讲话精神，就能够理性地定位考试的功能，就能够正确地发挥考试的作用。

把考试作为一种"检查学习情况和教学效果"的评价手段来给考试定位。实现一种考试、完善一种考试，这不仅仅是完成了部分任务，更重要的是必须充分发挥考试对学习情况和教学效果的检查作用。检查包含着评价、反馈、督办和指导作用。

发挥以"改进考试的内容和形式"为核心的考试改革方向，从这个意义上说：考试不仅不应该淡化，而且要强化，特别是要在诊断、反馈、评价、预测和激励方面强化。

没有评价功能，考试何以"鼓励和帮助他们继续努力"？我们应该深刻认识考试的地位和作用、科学地理解考试与评价的关系、实现考试工作在新时期历史人物的理论与实践的指导。其实，对教育考试不存在要与不要的问题，而是如何定位、如何正确而全面地发挥其功能与作用的问题。

2. 学生考试的作用

对于教育机构，考试作为最重要的制度之一，对学生的教育和培养起着举足轻重的作用。考试不仅是评价学生学习效果的重要尺度，而且对"教"与"学"发挥着指挥棒的功能，对教育的目标和效果有导向性作用。

在基础教育阶段，由于教育单位和学生受到中考和高考选拔性考试机制的影响，真正意义下的素质教育很难实施；而在高等教育阶段，由于多数学生将成为教育的最终产品输入社会，如何发挥考试的导向作用，把高等教育真正引向素质教育的轨道，为学生一生的事业发展打下良好的知识基础和能力基础，就成为教育管理部门和教育工作者需要共同关注的课题。

大学的考试本质上就是课程考试。从教育管理学的角度，就是要研究如何通过设计与安排考试，客观地测试出学生对课程的教学目标和教学大纲规定的内容掌握的程度，检验教师教学的效果，并通过这些测试手段有效地引导学生的学习。

考试的方式、特点及适用范围

目前的考试方式主要有闭卷、一页开卷、开卷、实验能力测试、专业技能测试、口试、撰写课程论文、调查报告等方式。各课程根据本课程的特点采用一种方式，也可以采取两种或两种以上的组合方式。为了针对课程的特点采取适当的考试形式，有必要对这些考试形式的特点和适用范围进行分析。

（1）闭卷考试

闭卷考试是目前考试的主要形式。这种考试方式能够比较准确地考核学生对知识的掌握程度。但闭卷考试一般是就所学书本的内容进行的考试，对学生运用知识的灵活性与综合能力较难考核，有引导学生死记硬背、死读书之嫌。适合理论性强，要求准确记忆的课程。

（2）开卷考试

开卷考试可以克服学生死记硬背、应付考试的不良倾向。开卷考试既可以考核学生对所学知识的理解程度，也可以考核学生运用知识的能力，有利于提高考试的质量、培养学生的思维能力和解决问题的能力。但是，开卷考试要收到应有的效果，命题质量是关键，特别是应避免闭卷考试内容开卷化，那些学生可以简单地从教材上找到答案的题目不适合用于开卷考试。

（3）一页开卷

一页开卷介于闭卷考试与开卷考试之间。这种考试方式适合理论性强，准确记忆困难，教学目标侧重于掌握课程的理论体系、解决问题的方法内涵，只需部分记忆的课程。

（4）口试

口试是一种能给学生较大发挥空间的考试方式，有助于培养学生反应的敏捷性、灵活性，并可以引导学生注重提高口头表达能力。但口试的评分较难把握，工作量大，有些内容也很难采用口试。这种考试方式适合于某些语言类的课程，考核学生对知识的综合运用能力。

（5）课程论文、调查报告

课程论文和调查报告是在查阅资料、采集数据的基础上撰写论文，可以考核学生的综合分析及文字表达能力。对于这种考试形式，论文的选题很关键，教师需要给学生提供足够的论文选题。

此外，如何限制不认真的学生敷衍这样的考试，如何杜绝抄袭类似考试题目的文章，是困难的问题。为了避免论文抄袭，教师应采取上网检索、论文答辩等方式。这类考试方式的缺点是考查面窄。

（6）实验能力和专业技能测试

并非所有课堂教学的课程都要有卷面考试，对于工科和农科专业中以培养动手能力为主的课程，不是死记硬背可以解决的，应采取能力和技能测试的形式，避免纸上谈兵。

考试方式选择的依据

考试的方式方法，应根据课程的特点来选择。基础理论性课程可采取闭卷、一页开卷、开卷等限时考试的方式进行；应用基础性课程的考试宜分两部分进行；基础理论部分可采取闭卷、一页开卷、开卷等限时考试的方式，应用部分可采取实验能力测试、专业技能测试等形式限时或不限时考试。

应用性课程宜根据课程的特点采取课程设计、课程论文、调查报告等不限时考试方式，或采取实验能力和专业技能测试的形式考试；文科的某些课程，以及理论性不强，属于素质教育类的选修课，可以采取口试的方式进行。

课程考试存在的主要问题

（1）形式过于单一

考试形式过于单一，部分课程考试形式难以反映教学目标，目前的考试大多数采取闭卷考试的方式。这种方式能够反映出学生对知识的记忆和推理能力，不易考察综合能力、应用能力和创新能力，造成学生死记硬背。试题的答案大都是唯一的，留给学生探索创新的机会少，不利于学生整体素质的培养和提高。部分课程的考试方式与课程的特点不符，也反映了教学目标不清晰。

（2）忽略平时的检验

忽视平时测试，期末考试成绩基本一锤定音，学生平时不努力，主要是由于平时没有硬性的学习压力，课程成绩过于依赖期末考试造成的。按目前的课程成绩评定模式，许多课程只要期末考试前突击一下就可以过关，掌握的知识既不系统，又没有深度，人才培养质量很难保证。

考试命题的质量有待提高

部分教师考试命题随意性大，没有认真研究教学大纲的要求，简单拼凑几个题就成为试卷。草率的命题造成考试题型单一，考查面窄，综合性、提高性试题少，学生的考试成绩与能力不相称，部分学生高分低能。还有少部分教师教学投入不足，要求太低，考前划范围指重点，试题过于简单，高成绩的背后体现的未必是高质量的教学。

考试对教与学的导向作用

（1）考试对教与学的导向作用

专业的培养目标是依靠各门课程来实现的。在专业培养方案中，每一门课都承担着对学生的知识和能力培养的特定任务，都应该有比较明确的教学目标。因此，课程的教学目标必须与专业的整体培养目标相吻合。

而课程的教学目标，将决定课程的教学内容、教学方式与方法，同时决定考试的方式方法以及评价学生对该课程知识掌握情况的价值尺度。一门课程的开设质量是由四个要素决定的，这四个要素之间的关系是：教学目标是灵魂，教学大纲是基础，教学过程是核心，考试方式是导向。

从教师的角度，要重视研究课程在人才培养中的地位和作用，不断审视课程的教学目标，教学过程严格执行教学大纲，考试环节以课程的教学目标为指导，以教学大纲为依据，采取与教学目标相适应的考试方式，与教学大纲相适应的考试内容，客观地评价学生对该课程的掌握情况。

要重视考试方式、方法的改革，选择最能体现本课程教学目标的考试方式，重视考察学生通过本课程的学习所获得的能力、纠正传统考试方式中重知识点的考察、忽视能力考察的弊端，尽量减少死记硬背的东西，使课程的成绩更好地反映学生的能力。学生高分低能现象的存在，实际上是学生成绩的评价尺度不合理造成的。

从学生的角度，目前为考试而学习是一个普遍现象，需要通过考试的导向作用引导学生按课程的教学目标和教学要求学习，使考试真正起到督促学习、指导学习、端正学风的作用。

（2）以考试管理改革促学风教风建设

考试管理改革的核心问题是：如何通过考前管理、考试命题、试卷批阅等方式的改革改进教风，如何通过课程成绩的评定方式改进学风，有以下几项：

①考前管理问题。每一门课程都有重点内容和相对次要内容之分，多数教师都会在课程结束时提出复习要求。这些要求应该以教学大纲为依据，结合教学的侧重点，提出比较宽泛的要求。要杜绝教师教学投入不足，考试范围划得过窄的问题。

甄别教师是否划重点关键是看所谓的重点内容是否包括了教学大纲的主要内容。这方面的质量控制可以由班级信息员向学校教学管理机构提交教师划分重点内容的情况，然后由学校教学管理机构责令学院教授委员会对比教学大纲作出是否划重点的结论并反馈信息。若确认属于划重点，应按学校教学管理条例处理。

考试命题方式问题。目前考试命题方式主要是任课教师自己命题，或课程组指定教师命题。这种命题方式能够较好地体现任课教师的教学要求，但对于教学自我要求过低的教师缺乏制约。

解决这个问题的一个思路是实行考教分离，但我们必须对考教分离可能带来的问题，如何避免出现这些问题，以及一旦出现这些问题应如何应对有清楚的认识，关于这一问题的分析后面专门论述。

解决这个问题的另一个思路是建立完善的试题审核制度，把好命题的质量关。命题人应在考试前至少一个周提交试题，由教授委员会比照教学大纲进行审核，试题与大纲的教学要求差别较大的，应重新命题。必要时，可聘请校外同行专家进行审题。

②课程成绩评价方式问题。目前课程成绩评定中存在的主要问题有两个，一是平时成绩的判定随意性很大，二是期末考试基本上对总评成绩起"一锤定音"的作用。而当前的大学生中，有相当一部分学习的主要动力来源于考试。平时不努力、临考搞突击的不良学风，根源在于课程成绩的评定过于依赖期末考试。

要在学生中树立良好的学风，应切实发挥考试的导向作用，提倡形成性考核成绩与期末考试成绩相结合评定成绩的方法，加大作业、课堂讨论、考勤等平时成绩在总评成绩中的比例，广泛实行分阶段测验的考核模式。这种课程成绩评定方式的改革，不仅有利于培养优良学风，而且由于考查的点多面宽，得到的总评成绩将更加客观。

③试后管理问题。这里所谓的试后管理不是考试档案管理，而是如何通过考试结果，分析教学中存在的问题，并针对这些问题提出改进教学的思路和措施。目前试卷分析主要是作为教学档案的一部分来要求，对改进教学工作的指导性作用发挥得不够充分。试卷分析要讲求实效。

考试客观反映教与学的质量

（1）适合考教分离的课程

教学内容经典、有公认的教学内容和教学要求的课程，对教师教学工作的创造性要求相对较低，适合采用考教分离的方式命题。这种类型的课程主要是公共基础课、部分专业基础课以及传统专业的部分专业课。

（2）不适合教考分离的课程

教师的教学工作需要有创造性的课程主要有两类，一类是内容变化较快，需不断补充新知识、新内容的课程，多数专业课和专业选修课都属于这种类型的课程，这类课程的开设，不仅要给学生一碗水，教师还需要有一桶水，而且这桶水必须是一泉活水；第二类是国内没有形成共识，教学内容在探索中的新设课程。这两类课程原则上不适合采用考教分离的方式命题。

（3）考教分离的意义

长期以来，绝大多数课程的考试命题工作都由教师本人完成。这种命题的组织方式可能滋长少部分责任心不强的教师的惰性，教学避难就易，一份讲稿多年不变，教学内容陈旧，考试指重点、划范围，达不到课程的教学目标，影响了人才培养质量。尽管上述问题只发生在少数教师身上，从教学管理的角度应该引起重视，采取必要的措施，约束教师的行为，树立良好的教风。解决这一问题的一个很好的思路是教考分离。

考教分离，能够约束教师教学内容过于简单，对学生要求过低的行为，有助于督促教师认真完成教学大纲的教学要求；如采用同类院校的试卷，能够提供对课程教学效果进行校际之间的横向比较；同时能够为评价教师的教学效果提供一个可参考的依据。

（4）考教分离应注意克服的问题

任何一种考试命题方式都有其利弊，应按照"趋利避害"的原则，针对不同的课程采用不同的命题方式。下面对考教分离可能出现的问题进行分析，以便在实施过程中加以克服。

由于教学大纲主要反映的是教学内容的广度，教学的深度反映得不够清晰，命题人依据教学大纲命题可能出现试题偏难或偏易两种情况。如果试题偏难，将引起大面积不及格，难以准确反映学生的学习成绩；如果试题偏易，将出现学生轻轻松松得高分的局面，这对低年级学生的学风将产生严重的负面影响。

专业特色靠专业的课程体系和课程特色体现，专业课和专业选修课的特色基本决定了专业特色。在科学技术的发展日新月异的今天，专业课、专业选修课应鼓励教师充分发挥专业特长，将本领域的最新研究成果补充进教学内容，在教材内容之外开阔学生视野，结合课程培养学生的科研意识和创新意识，使名师真正能够带出高徒。如果考教分离把教师引向为考试而教学的方向，学生的创新意识、创新能力的培养将会受到影响。

对于多人授课的公共课和公共基础课，考教分离可能影响课程组教师之间的合作精神，影响集体备课的效果，影响老教师对青年教师的培养，而提高课程建设的质量是建立在课程组全体教师共同努力的基础上的，从管理学的基本原理可知，过度竞争会导致整体效率的降低。而为考试而教学势必导致基础教育中的题海战术在高校重演，忽视了课程内涵的传授，部分学生即使考试得了高分，也会造成许多知识只知其然，不知其所以然，考过即忘。

在大学，课程性质的多样性，决定了课程成绩考核方式的多样性。考教分离只适合采用闭卷考试的部分课程，其它形式的考试采用考教分离不易操作。

对教师教学质量的评价问题

对教师教学质量的评价，是高校管理中最重要、也是最困难的问题之一。教学质量评价的目的是将教师教学业绩与分配、职称晋升等挂钩，并对不适应教学岗位的教师作出适当的处理，激励教师加大教学投入、提高教学质量。

对于这种与教师的切身利益密切相关的问题，必须有明确的政策性导向和科学合理的评价指标体系，把教师的工作积极性真正引导到以提高人才培养质量为目标的轨道上来。

（1）考试成绩不能反映教师的教学质量

考试成绩不能全面反映教师的教学质量。理由是：对于多人授课的课程，即使采用同一份试卷，考试成绩除了与教师有关，还与学生所在学院的学习风气、不同专业课程负担的轻重等因素有关。

不同课程之间，不具有可比性。因为考试成绩的高低不仅与教师的授课质量有关，还与命题的难度、判卷的标准尺度有关。不同课程之间教学质量的比较，正如同比较数学家华罗庚与文学家巴金谁更优秀一样。

考试只能反映部分教学内容，而不是全部。特别对于专业课，应鼓励教师将与课程有关的最新研究成果及时地充实到教学中，鼓励教师传授科学研究的思路和方法，对学生进行专业发展方向的指导和教书育人。而教师在这方面作出的贡献无法或不能全部通过考试反映出来。

（2）要建立科学的教师评价机制

教学管理的一个重点目标是促使教师加大教学的精力投入，提高教学质量。解决这一问题的最有效的方式是：改革、完善教学质量评价体系。

目前对教师的评价由学生评价、同行评价、学院领导与学院督导组评价三部分组成。这种评价模式存在的问题是：

部分学生对评价工作不认真，以对教师的主观印象代替对教师教学质量的评价，造成少数教师不敢严格管理学生；高年级学生对教师的评价普遍比低年级学生的评价低；不同学生、不同学院之间的评价尺度有差异。

理论上讲，同行专家对本学科的教师的教学态度、教学水平十分了解，但碍于同事情面，评价结果区分度很小，反映不出实际情况，评价流于形式。

学院领导对业务的熟悉程度有很大差异，有的领导从没有听过教师的课，只能凭感觉打分，造成评价结果不够准确、客观。

为了使教学评价结果更具有客观性，应该对教学评价进行适当调整：第一部分由学生代表组成，学生代表可按适当方式产生，以保证评价的客观性；第二部分仍由同行专家；第三部分由校督导组和学院督导组联合组成，多学科性的学院，学院督导组只评价本学科教师。

评价不仅给教师打分，还要有改进教学的意见和建议。这种评价的组织模式与以往模式的区别，主要是去掉了学院领导的评价，增加了学校督导组的评价，因为教学评价是一项业务性很强的工作，不应有过多的行政参与。

（3）要建立合理的劝导和奖惩机制

考虑到教师职业的特殊性，对教学质量差强人意的教师，重点是采取措施令其改进工作。在劝导无效的情况下，采取惩罚措施。惩罚是手段，不是目的。

教学评价差的教师，首先要由相关负责人进行谈话，检查教案、课件，检查教学大纲的执行情况，分析原因，提出改进意见。属于教学方式方法方面问题的，通过集体听课等方式为教师把脉，必要时配指导教师，帮助其改进工作；属于教学态度方面问题的，令其改进；不能适应教学的，由人事部门酌情处理。

建立合理的奖惩机制是十分必要的，这种机制要能够对在教学工作中作出成绩的教师给予肯定，保护其工作积极性，同时要能够督促、激励责任心不强的教师改进教学工作，加大对教学的精力投入。

教师是一种特殊职业，教师的主观能动性是提高人才培养质量的基础，要特别重视建立良好的大学文化，倡导、鼓励教师的奉献精神。单纯的经济手段对于调动教师的教学积极性是有效的，但不是万能的，甚至有不可低估的负面作用。一个大学，不能引导教师做每一件事都与经济利益挂钩，教学工作不能蒙上浓厚的功利色彩。

奖惩机制要以教学质量评价结果为依据，从精神方面、物质方面和人事方面三管齐下。单纯的物质形式的奖惩可能导致教学工作的功利化。

要褒奖教学质量好的教师，在教学方面兢兢业业，为人才培养作出了很大贡献的教师，应给予一定的精神鼓励，承认他们的贡献，形成人人重视教学的良好氛围。目前教学方面的荣誉称号授予面太窄，不利于调动更广泛的教师的教学积极性。建议在目前评选教学质量奖、师德先进等荣誉称号的基础上，增设某种荣誉称号，按教学质量评价结果选拔，无须评选。教师可连续获得，而不是轮流坐庄。

要实行浮动教学工作量津贴。按评价结果分类，实行浮动教学工作量津贴，切实解决教学的质与量的问题。目前的教学质量津贴数额低，调节力度小，基本起不到提高教学质量的杠杆作用。

要解决能者上、庸者下的问题。教学评价显著好的教师，在职称评定上给予实际性的倾斜。教学能力和教学态度不能适应教学工作的，由人事部门主持，学校专家组和学院专家组联合作出裁决，作出限期整改、转岗或降级聘任，直至终止聘任等决定。

考试方式方法改革和考试管理改革，其目的是提高人才培养质量。在学校的硬件条件满足教学需要的情况下，提高人才培养质量要在以下几个方面改进和提高：要有与师资队伍的特点、教学条件的特点、生源的特点以及社会需求相适应的具有前瞻性的专业人才培养方案；任课教师要明确课程的教学目标，并在教学过程中通过教学方式方法、考试方式方法的改革实践这一目标；学校要有科学、适度的激励机制和约束机制，并创造教师爱岗敬业，管理层相信尊重教师的良好氛围。

3. 影响学生考试的因素

学生在考试的过程中，除了平时学会的课堂知识以外还要处理好考试过程中的四种关系，这四种关系联系到学生考试成绩的好坏，那么是哪四种关系呢？

审题与解题的关系

有的同学对审题重视不够，匆匆一看就急于下笔，以至题目的条件和要求都没有吃透。其实，在解题过程中有可能需要三次审题：

第一次是拿到题目时，耐心仔细地审题，把握条件的关键词，包括括号内一些不起眼的条件，从中获得尽可能多的信息，迅速找出解题方向；第二次是在解题受阻时，应再次审题，有没有漏看什么条件，想想有什么隐含条件，再去考虑解题策略；第三次是在解完题后，再次回顾题目，看看所得解答与题目要求是否吻合，是否合理。

会做与得分的关系

要把正确的解题策略转化为得分点，主要靠准确完整的数学语言的表述，但这一点往往被一些同学所忽略，因此在卷面上常常出现"会而不对"、"对而不全"的现象，考完后自己的估分与实际得分差之甚远，原因常常在此。

有的同学"以图代证"，只是画一个草图，即得出结论，不会把"图形语言"转化为"文字语言"而失分。因此我们应重视解题过程中的语言表述。

快与准的关系

只有"准"，才可以不必考虑再花时间检查。而"快"是平时训练的结果，不是考场上可以解决的问题。我们在阅卷中曾遇到这样一个情况：一个应用题列出函数式求最值并不困难，但是不少同学一开始列式时就把二次函数的系数算错，后面尽管有正确的解题思路，又花了不少时间，也基本上得不到分。

其实只要把速度稍稍慢下来，大多数同学都会得出正确结果。所以，适当地放慢一点，就会准一点，尤其是选择题、填空题，不是全分就是零分，更应强调一个"准"字。

难题与容易题的关系

拿到试卷后一般按题目顺序作答，在遇到"卡壳"题时，不要打"持久战"，可以先放一下，等后面能做的题做完后再回头考虑。在考试中要做到"看到容易题不放松，看到难题不胆怯"，冷静解答，争取得分，发挥出应有水平。

4. 培养学生应考能力的方法

考试，是检查学生掌握知识的程度和分析问题、解决问题能力如何的一种方法。由于目前在评定学习成绩和确定升学上都是将考试的分数作为重要依据，所以学生、老师和学生家长都十分关心考试。考试分为学识考试和学能考试两种形式。

学识考试，是考查学生所学全部知识的考试。它注重对基本知识和基本技能的考查，测试学生掌握知识的程度。目前我国中学毕业考试基本上属这种形式的考试，以了解学生是否掌握了中学阶段所学的知识，是否具有中学毕业的资格。

学能考试，是考查学生学习能力和潜力的考试。它注重对考生的独立思考、逻辑思维、分析综合等能力的考查。

除了学识、学能的考试外，考试本身也是对考生的心理健康、应变能力、承受能力的一种测试。

加强自我控制

考试期间，考生的心理状态变化迅速而且复杂，稍不注意，会导致"一时失误，后悔莫及"，因此注意自己心理的变化，有意识地进行自我控制，是考好试的重要一环。

许多同学，在考试的前几天表现出烦躁不安的情绪，书看不下去，玩又没心思，拿起语文，想起物理，这就是人们常说的"考前焦虑"。

考前焦虑是影响考试成绩的第一个原因，危害很大。它不仅影响这一次考试成绩，而且会分散学生注意力，抑制学生的学习创造性，破坏良好的学习习惯，降低学习效率，从根本上损害学生的学习效果。

考前焦虑部分是由惧怕失败的心理造成的，特别是如果平时不注意心理卫生的锻炼，不够开朗，还会由惧怕一次失败进而到惧怕整个前途的失败；也有一部分是由自卑心理产生的。在潜意识中，认为不管怎么努力，都不可能考好，因为自己在客观和主观上有很多欠缺无法克服，比如，不如学习成绩好的同学，不如学习轻松的同学等等。

由于有自卑心理，兴奋点往往集中在"如果考不好，会让别人看不起"上，思想压了一个又一个沉重的包袱；也有的同学产生考前焦虑是因为精神容易紧张。有这种心理的同学，晚上六点钟看电影，下午四点钟就什么事也干不下去，俗话叫"收不住心了"。

消除考前焦虑最重要的一条是树立自信心，自信"自己不那么容易失败"，"我不比别人差多少，同样的人，他行，我也行！""即使下一分钟考试，这一分钟我依旧泰然自若。"这里我们要强调一点，建立自信心只能依靠自己，在这件事上，别人是不能代替自己的。

除考前焦虑之外，还有几种情况容易对考生造成心理干扰，需要考生及时自我控制。

（1）反馈干扰

反馈干扰指的是考试期间容易发生的心理反应。一门课考完之后，许多同学喜欢对答案。这种反馈对考生的情绪影响极大。有的考生会因考试出现错误产生自责心理造成情绪低落，影响下一科目的考试。这种情况下，就要克制急于知道成绩如何的心理，坚决回避反馈。

（2）考场干扰

考试，尤其是大型考试，考场气氛严肃，空气紧张，对考生心理有明显的干扰。许多考生只要一坐进考场，甚至他坐的就是他平时上课的座位，他也会心跳加快，难以平静，影响考试。

这种时候需要考生进行自我控制，把考场想象成自习室；试卷一发下来赶紧读卷，一般第一眼看到的试题是自己会做的题，就容易较快地平静下来；如果看到的第一题还一时看不出解法，那么只瞟一眼就赶紧看下一道题，从会做的题开始，用一点的胜利，稳定心理带动全面的胜利。

（3）家庭干扰

许多中学生的家长对考场心理问题不注意，有的也不了解考场心理的影响，往往比较多的从考试分数着眼。上次分数不高的，则要求这次非考好不可；上次分数高的，则要求这一次可不能落下，落下来太丢人等等。

作为家长固然是从良好的愿望出发的，但是这会给考生造成极大的心理负担和压力。特别是当"反馈干扰"出现时，这种干扰就会使考生一蹶不振，全线崩溃。

做父母的最好不要制造这种干扰，但是当这种干扰出现的时候，考生应当能够进行自我控制，不要理会那些说法，而按原定计划继续应考。为了预防考试期间这类干扰的出现，考生可在平时向家长说明这些道理。

（4）自我干扰

考试中遇到难题会挫伤考生积极性；读卷时感到难题较多会增加考生心理负担；考场中有人交卷出场也会增加考生的紧张心情，所有这些情绪，在考场中随时都可能产生、滋长。这些由于考生自我意识而产生的干扰也可影响考试。这时候考生应表现出较强的自我控制能力。

搞好考前复习

考前最容易犯的毛病是不能协调好各科的复习时间和复习内容。语文、英语、政治、数学、物理、化学，门门要考、门门要看，可时间就那么多，一时不免手忙脚乱。应对的办法是根据时间的多少和自己各门功课的好坏，安排一个复习计划。

复习时各人的方法不同。但是，这时再从头到尾地按部就班地复习，时间不允许了。每次考试前，考前复习都是不看课本和参考书，而是写一份考试课程的提要，根据自己的回忆，把重要的概念、公式、难点、学习心得、解题技巧一一写出来，按学科本身的体系排列。

当他可以把这门课的每一部分都能回忆出来写清楚，他就感到考试有把握。然后，把写提要时发现的弱点，提出来看看，重点复习；或者针对这些弱点找来一些习题，量要大，题要难，自我训练一下。这样的考前复习花的时间不多，效果往往比较好。

掌握考试方法

首先，要冷静沉着地读卷，一丝不苟地把全部考试试题看一遍，正确理解题意。如果发现有不明确或不理解的试题，应立即举手请教老师，让老师讲清楚。

然后，从整体上看一看，全卷共有几种类型的题，如：概念问答题、计算题、判断正误题、选择题、论述题等，每一题可给多少分，这样以便分配考试时间，占分数多的试题可考虑先做。

试题并不要按给定的顺序解答，因此可以从最容易做的题目做起，这样可以增强信心，自己掌握的知识可以完全反映到试卷上。如果在做的过程中，遇到了难题，一般三五分钟还不知从何入手，这时就要放下这道题，先做后面的题。

等其他题做完了，有时间再回头做这一题。碰到难题如果不跳过去，就不仅耗费了有限的考试时间，还可能弄得后面会做的题也没时间去做，而且会挫伤自信心，增加紧张心理，出现思路阻塞，以至使本来会做的题也一时不会做。

最后，只要时间许可，一定要从头到尾检查一遍。检查时不应用原来的解法，而应当用别的解法来检查；或者把答案代入试题进行验算。

不过，检查中发现错误后一定要反复推论，确认是错了，才在试卷上修改原先的做法和答案。因为，第一次做时，往往比较准确，错误率较小。有时候，有的同学在检查时反而改错了，其原因就在这里。

如果考试时间已到，还有试题没有做完，可尽可能地把简约解法和答案写上。此外，答卷字迹清晰整齐、卷面干净整洁也是十分重要的。字迹潦草不可辨认，卷面乱七八糟，阅卷老师也无法给你判卷评分。

总之，在考试进行过程中，要从容不迫、沉着冷静，主动而有效地安排时间，保持良好的应考状态，就可以考出自己应有的水平。

5. 提高学生考试能力的方法

素质教育要求学生培养良好的能力，无论是从课堂学习还是考试方法都要求学生掌握更好的方法，从而达到素质教育的要求，那么如何培养学生的考试能力呢？

审题细心，想好再做

做每一个大题前，首先要看清题目要求，按要求去做，切忌不看要求按经验行事。如只列式不计算的计算了、用方程解答的应用题却用算术法做、选择题要求选序号偏偏选答案。

具体做某一个题时，要牢记：题读三遍，做题关键。必须认真审题细心观察，切实把题意弄懂，特点弄清弄明。要做到想好再做，切忌"张飞"式做题。特别是应用题，更应该多读多思，遇到新问题要善于思考，想办法解决，读题时留下痕迹，促使自己多读题。

精力专注，快速答题

考试测验是有时间限制的，这就要求学生做题时必须精力专注，不能分心而东瞧西看。对于一个题，如果想好会做了，应快速动笔解答，切忌磨磨蹭蹭，耽误时间。

"时不待我"，每次考试，总有一部分学生是前松后紧，致使做不完或无充裕时间检查，21 世纪是速度至上的时代，谁赢得时间，谁就会获得胜利或成功，所以作为老师，要对学生进行速度训练，使学生有时间观念

处理灵活，学会放弃

试题中有难题是正常的，对于部分学生来说，个别题不会做也是正常的。这就要求学生做题不要一味求全求美，首先遇到陌生题或难度题，学会静心思考，三思而无果，应学会暂时放一放，先做会做的题，保证会做的题都做对。如时间允许再研思难题，事实表明，能把会做的都做对也会取得好成绩。

确实不会做的题，教育学生要学会"弃"，不要因为一个分值不高的题而浪费时间，致使会做的题做不完或没有时间检验导致丢了夫人又折兵，如果这样失去的就多了，是因小失大，这叫不会考试，这样的学生不是聪明学生，这种做法是不可取。聪明的学生会努力提高考试效果，保证在规定时间内把会做的都做对。

提高认识，主动检验

检验是考试的一个重要环节，也是取得好成绩的保证，这一思想必须让学生认可。总有一部分学生认为做完题就万事大吉了，不检查，不验算，致使试卷发下来之后，面对错误和不理想成绩而难过。不认真主动检查，不会检验是学生在考试中存在的一个严重问题，犹如恶性肿瘤，必须下力气坚决割除。

做完试题后必须要立即进行检验，检验要讲求顺序，而非跳跃式检查，要做到从头至尾，一个不落地进行检验。检查重在动眼观、动脑思，检查重点看有无不按要求做的，有无丢题落题的现象，有无抄错数和符号，有无列错算式的。验算重在动手做，检查时，凡是计算的，都要再演算一遍，无论是概念题、计算题，还是应用题。

为使学生养成检验好习惯，采用演算本和追查方法，考前向学生提出

明确要求，让学生心中有数。考试过程中，加大巡视力度，督促学生检查，并留下检验痕迹。考后阅卷中，对学生的错题查看验算本，分析错因。凡由于不检查或不认真检验出错的，要进行惩罚，写一篇论说文。

分析反思，写考试感

每一次考试，总有考好的，总有考差的。我们的目标是考好的人越来越多。为使学生能正确认识自己，试卷发下后应引导学生学会分析试卷，反思自己做题时的表现，把考好的经验和失败的深刻教训及做题过程中的技巧，写下来，形成考试日记或考试感想，及时收起来审阅。这样做无论对学生还是老师都有好处，学生会在反思中提高，老师会及时了解到学生的心思，便于考试能力培养。

自我减压，摆正心态

有一句名言说得好，"人只要远离了懒惰，远离了坏习惯，远离了恐惧就会远离贫穷"。恐惧是人性的弱点之一，对学生来说，害怕考试的却真不少，无论是什么原因，内心对考试存有恐惧，势必会影响到做题效果，影响到考试成绩。

所以要对学生进行减压，使他们对考试有一个全新的认识，使他们知道：考试就是在规定时间内在指定的地点做固定数量的题，实际就是特殊的练习，没必要害怕、没必要紧张。

6. 培养学生考试记忆能力的方法

在尝试回忆的过程中，如果能够正确要回忆出课堂学习的全部或大部分内容，这就可以证明自己的预习和课堂学习的效果是好的。

根据遗忘规律，学习的内容最好的巩固方法就是及时复习。复习的方法和策略很多，在这里仅向大家介绍一种我们认为是比较有效的复习方法：四程序复习法。所谓"四程序复习法"，就是把一个完整的复习过程划分为四个上下之间存在程序关系的四个环节。

尝试回忆

所谓尝试回忆是将课堂学习的内容回想一遍。有人将它比喻为"反刍"，就像牛或羊一样，把已经进入胃的食物再返回到口腔里细细加以咀嚼。这种方法实际上是在自己检查自己，逼着自己进行思维活动。尝试回忆的好处，至少可以表现为以下四个方面：

（1）可以检查课堂学习的效果

在尝试回忆的过程中，如果能够正确回忆出课堂学习的全部或大部分内容，就可以证明自己的预习和课堂学习的效果是好的。

为了正确地检验自己的预习和课堂学习的效果，在开始尝试回忆时，最好先不要看书或听课笔记，等到想不出来的时候再看书或听课笔记。为了加深记忆，还可以一边想一边把主要的内容写出来。这样尝试回忆的效果会更好。

（2）可以提高记忆能力

由于尝试回忆是一种积极的思维活动，它可以把自己学过的知识，在尚未进入遗忘状态之前，就在头脑里再现了一遍，这当然是有利于记忆的保持的。

（3）可以提高阅读和整理笔记的积极性

通过尝试回忆，把课堂学习的内容在脑子里再过一遍，记住的往往是自己已经懂得的，没有记住的正是自己没有掌握的，这说明记忆恰好是对学习效果的检查。

对于那些想不出来的学习内容，自然就会急着去看书或笔记。这样，就激发了看书和整理笔记的积极性，并自觉地将忘记的内容作为复习的重点，使得复习有针对性。

（4）可以培养思维的能力

尝试回忆时要反省思维的过程，还要概括课堂学习的内容。而一且想不出来，还要千方百计地寻找回忆的线索，这无疑是在做"记忆体操"。因此，一个经常尝试回忆的学生，不仅记忆能力会有所提高，而且思维的能力也会得到一定的提高。

认真读书

在复习的过程中，完成了尝试回忆的步骤以后，便要开始认真读书。当然，这时候的读书与预习和课堂学习时的读书是不一样的，它是在预习和课堂学习基础上进行的。因此，必须做到以下几点：

（1）读书和思考相结合

所谓读书和思考相结合，是指不仅要在读书的过程中从头到尾、逐字逐句读认真读，对基本概念、基础知识的内容绝对不马虎，要全面过目，而且还要边读边思考，要多想想在回忆过程中出现的问题，思考内在联系，更要思考对知识的理解和应用。

（2）要重点突出

复习中的读书，要有重点要细读和思考。对于已经记住和理解的部分可以不必再花费很多时间，而把时间集中在回忆不起来和印象模糊的内容上面。在读书的时候，不妨可以边读边划。

（3）重在精读、熟读

对于课本中的一些重要内容，必须做到精读和熟读。至于一些关键的章节和定义、定理和定律等内容，还要在精读、熟读的基础上，将其背出来

（4）适当看一些参考书

在复习的过程中，适当地看一些参考书还是很有必要的。看参考书当然是在复习好课本的内容的基础上进行的，而且是结合课本的内容去读参考书的内容。

整理笔记

在复习过程中的整理笔记，是指要把预习、课堂学习和复习等学

习过程中所记的笔记串联起来进行一定的加工和整理，使其成为一份经过加工和提炼的复习资料。整理笔记的过程往往是一个知识深化、简化的过程。

所以，它要求索引清楚，中心突出，内容精练，最好还有自己的独到见解。这样，可以使这份经过加工整理后的笔记成为阶段复习和重要考试前的复习的得力助手。

探索和发现

复习的内容不能仅仅局限于重复课本的内容上面，而应该在复习旧知识的基础上不断地进行探索和有所发现。所谓"温故而知新"也就是这个道理。

要在复习的过程中进行探索，最根本的办法就是"质疑"，也就是提出问题。对于知识，不仅要懂"是什么"的问题，而且还要懂得"为什么"的问题。

7. 解决考试时马虎的方法

同学们有关"马虎"失分的情况相当严重。"当时就是马虎了"、"我没看清题意"、"丢了个小数点"，这样的问题很多。本应拿到的分数，就这样白白丢掉了，困扰大家的"马虎"问题展开论述，为大家找到解决的办法。

"马虎"现象面面观

（1）漏看条件

本来会做的题，因为漏看条件或问题，造成丢分。

（2）计算错误

会做的题，列错条件；列对条件的题，代错数字；代对数字的题，做错简单的运算；更甚之，在稿纸上演算很正确，偏偏在试卷上抄错答案。

（3）看错条件

刚看一半条件，就以为是某个以前自己学过的某个知识点，然后也不看后面，就直接往这个知识点去靠；发现可能做过类似的模拟题，心里一阵狂喜，却没有看清题目。

（4）推导错误

按照条件推导下去，过程中发现推不下去了，前面的条件也忘得差不多了，结果只能是满头雾水，不知所措。

（5）做不下去

做着做着就没有信心了，怀疑自己的思路是否正确，不敢继续往下进行。等到看到答案后，发现自己的思路是对的，很后悔。

"马虎"现象的真实面目

（1）主观想象

"主观想象"是考场上丢分的罪魁祸首，然而却是传统复习中极少被关注的思维错误。大家都有"看错条件"的时候，可是大家是否都仔细想过，"看错条件"的瞬间，你的思维经历了怎样的错误过程？为什么会有这些错误？究竟该怎么避免？

其实，所谓"看错条件"，真实的过程是：考生在读已知信息的时候边读边想当然地加入自己的主观判断，等题目读完，考生头脑中的信心已经不再是出题者想告知的信息了。

（2）盲目紧张

会做的题目，且没有看错条件的情况下，考生往往放松警惕，潜意识里假设自己已经稳稳拿到分数，草草计算，只为尽快进入下一题。不会做的题目，为了多实验几个途径，却对每个途径都含糊对待。

（3）步骤不全

在考场上会做题的学生因为没有写全解题步骤而丢分，一般不会受到责怪。但是，标准化考试有十分客观的评分规则，如果平时不练习追求精确，考场上就会忽视自己在临场解题思维上已经跳跃过的主要得分点。这种失分虽然极其容易避免，却因为传统学习不关注学生平时不精确的做事理念和做题方法而没有得到及时纠正。

（4）信心不足

入手的时候就怀疑不是最好的办法，或者即使做完题目也不敢确定。这种心态会使得考生鬼使神差的修改答案，而且越来越觉得不像。在做后面的题更是诚惶诚恐，根本没有办法让自己心平气和的去做后面的题。

"马虎"现象的纠正方法

（1）如何避免主观想象

信息优先级的概念。题目本身的信息是最重要的，而不是你在读取题目信息过程中联想的东西。不能边看题边想，而应该看完题再想。

懂得答案相对好的概念。高考是标准化考试，正确的答案是比其它的相对好的，而不一定是绝对好的，懂得这一点十分重要。你要做的就是在选项中比较出更好的那一个，而不管它是否是最好、最完美。

（2）如何避免计算错误

平时养成在草稿上清楚、规律的表达所有信息的习惯。如果你在平时心算练习不够，考场上不可盲目用心算，否则得不偿失。如果一定要依靠心算节省考试的时间，那么平时每天就要专门用20分钟练习并有意识的记住一些特殊数字的数量关系。

（3）如何避免遗忘条件

时刻把问题问什么记住，永远不能单纯的从已知信息出发，试图去"得到"什么。把解决每道题的过程都当作去缩小一个关键的"距离"，即问题"所问的"和我现在"已有的"还差什么。

（4）如何避免过程不全

在头脑中真正形成这个观念：不完成100%就不是完成。做题时

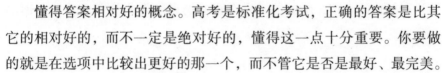

要边做边总结哪些步骤的表达是得分必须的，然而又是我在思维中一跃而过的。

比如，对于数学集合的范围，以及物理题上必要的公式表。要养成精确表达的习惯，只要没完成 100% 就不算完。要知道：会和拿到分是两回事！

（5）如何提高自信

自信不是抽象的，同学们要对"凭什么"自信，做个清楚的认识。这个过程可以以自己从考试各个科目的整体的优势、知识点的掌握情况和思维方式这三点来做衡量。

越是临近考试，尤其要勇敢的承认自己的优势并发挥到最好，而不是关注自己哪里还"不行"。

总之，知识点是无穷的，我们掌握起来总有不完美的时候；依靠知识点打造的自信是脆弱的，只有正确的思维带来的安全感才永远不会崩溃。

8. 提高考试做题速度的技巧

考试时做题速度是大家十分关心的问题，考场上有很多题都是由于时间来不及导致丢失大量分数。比如没时间做的，因为时间紧做的不全的，或者快速看几眼就做错的，这都是做题速度慢导致的。不仅如此，考试时一旦感觉前面消耗的时间长，整个人会更加紧张，极其影响整个考试。

通过大量学生的反馈，因为在时间不够的问题上，导致整个考试直接丢分的平均有 30 分左右，间接的影响更广。而纵观整个科目，语文和英语除了作文有一些影响，时间是比较充足的。

但数学、理综、文综部分会有这部分问题，文综可能影响较小。

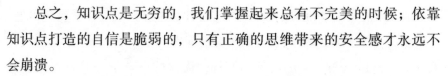

这是因为数学、文理综合部分需要学生消耗更多时间动脑，分析理解判断都需要消耗时间，并且由于思考的角度及出发点不同，同样的试题消耗的时间不同，有的快有的慢，有同学发现，一旦"想对路了"，做题速度非常的快，一旦某一步卡住了，哪怕答案呼之欲出，却始终写不出来。

那么，如何在考场上将题做的又快又对，是学生急需掌握的要点。然而同学们发现，做题速度一旦加快，准确率却下降了。而准确率上升后，时间往往来不及。做题速度这个问题，很多同学通过大量做题，但是结果往往还不能尽如人意。我们要如何解决这个问题呢？

做题速度慢的大部分原因

（1）题目不熟练

造成对题目不熟的原因大概有这么三个：对知识点本身不熟悉、解题思路不熟悉、分析能力不足。

（2）能力不足

计算能力不足、写字速度慢、阅读速度慢、接受信息能力不足。

（3）性格原因

马虎、粗心都可以归结于急躁，很多同学读题时快速读完却不了解其表达内容，或者是还没读完就开始写答案了，往往要反复回头，浪费时间，或者干脆做错。

（4）做题习惯

很多同学拿到题闷头就做，事先考虑都不考虑，发现做错了才回头看。也有的同学看到题目不认识，就犹豫要不要先做，导致不知不觉的浪费时间。

做题速度慢的训练方法

（1）做题训练

建议同学们无论是出于冲刺角度还是做题速度训练角度，都用简单题和中等题来训练。并且顺序是从选择题开始，然后是简单、中等的解答题，而后是填空题，最后有时间了才去练习练习所谓的"最后一题"。

在选择题训练上，减少死记硬算，多加入思考的比重。处理选择题上，思维和技巧摆在第一位。要充分利用题目和选项之间的暗示，多比较少计算，多动脑少"动手"。

比如，特殊值的代入、选项的代入，多用直接法、排除法等，少从头到尾死算。选择题是只考虑结果而不考虑中间过程的题型，要始终本着"少算少错，多算多错"的道理，加大理解分析判断等比例做题，这样不仅可以提高选择题的准确率，也能大量缩短考试时间，即达到短期内提升成绩的目的，也达到提高做题速度的目的。

然后是中等题和简单题，我们要总结做题过程的思维和解答步骤，你会发现即使是不同的题型，在解题思路上有太多的相似点。把这些相似点总结出来，你会发现可以应用到各个题型。

比如，理综的物理，几乎都是按照题目表述的步骤罗列表达式，然后联立求解即可得出结论。数学除了排列组合，其他题只要你能正确的用式子或未知数表达出题意，通过补充题目和所求差距，或寻找问题成立的前提条件，都能够把试题拿下。

做题训练注意的几个问题

（1）量大且持续时间长

这里说的不是总量，而是每一次训练的时候题量必须要够，连续做题的时间要长，而不能浅尝辄止。在训练及选题的过程中，最好要同科同类。

每一道题或每一套题都掐好时间，前面刚开始做题的时候可以放慢一些，多训练解题思维。当你总结完解题思维后，要尽量缩短做题时间。然后通过做模拟卷的时候，至少缩短规定时间的 *10～30%* 左右。当你能够稳固在这个时间段答题的时候，基本上就没有太多问题了。

（2）能力的训练方法

这里是针对计算、写字慢、阅读有问题的同学。计算能力不足是由于逻辑推导能力不足所导致的，这一点在短时间内只能通过大量的计算推导来提高。在训练的时候同样多思考式子之间的转换与关联，多观察同样、不同的字母之间所代表的含义以及转换关系。

至于写字速度慢，先弄清楚自己为什么写的慢，然后逐步加快即可。阅读慢或者记不住的同学，平时多朗诵，多读适中篇幅的一些文章或题目，逐渐加长即可。

平时训练时一个字一个字的念题目，在做题的时候强迫自己规范好草稿。不要东一块、西一块的乱写，把草稿当作作业来写。如果好动的同学平时做题的时候可以强迫自己不断继续坚持做下去，短期内养成"稳当"的特点即可。

（3）养成正确的考试习惯

刚开始训练时，做题时要讲究一看二想三动四回顾。先看清题意，再思考题干和题枝之间的关联，然后才动手，最后总结。当你习惯了这些步骤后，就能快速答题了。切忌没有形成相对固定的解题思维之前，一拿到题就闷头做。当你掌握一定的思维和技巧，总结出相对固定的解题思维时，才能一拿到题，就开始动手。

以上针对同学们考试时间问题作了一些解建议，希望对学生有用。希望同学们在未来数十天的时间内学习进步，高考考出好成绩。

9. 学生考试焦虑的辅导方法

在影响高考成绩的二十个因素中，学习基础的重要性居第四位；

学习方法的重要性居第三位；考前心态的重要性居第二位；而考场心态的重要性居第一位。

高三一年间，在不同的阶段，考生会出现不同的心理特征。如果能够针对这些不同的特点而采取相应的措施，则可以稳定考生情绪，发挥出考生的实际水平。

调整动机水平

刚刚升入高三的时候，很多学生都给自己定下了奋斗目标，有些学生还暗暗下了决心："一定要考上某某大学"。对于高考来说，目标明确当然是对的，但当这种目标内化成学生内心一种不可抗拒的强动机的时候，它就会对复习带来不利的影响了。因此在这一阶段，最重要的就是提倡学生摆正心态，将考试动机调整到合适的水平。

针对老师和家长对于高考重要性的强调，心理辅导方面能够做的工作是反其道而行之，适时地为学生减压。我们可以采取讲座的形式向学生介绍耶克斯：多德森定律。

这个定律所描述的是动机与效果之间关系。动机是直接推动学生学习、考试的一种内部动力。它的强度与效率的关系是倒"U"型曲线关系。动机太高或太低都不能引起大脑皮质最佳的工作状态，从而也不能得到最佳绩效，动机的中等程度的激发或唤起，对学习具有最佳的效果。

动机过弱不能激发学习的积极性，在一定范围内，动机增强，学习的效率也随之增加，直到达到一个最高点，超过这一点，动机强度的提高会造成学习效率的降低。

并且，动机的最佳水平随任务性质的不同而不同。在比较容易的任务中，工作效率随动机的提高而上升；随着任务难度的增加，动机的最佳水平有逐渐下降的趋势，而在难度较大的任务中，较低的动机水平有利于任务的完成。

在给学生们讲述这个观点的时候，有学生提出了疑问：为什么强动机反而会带来学习效果地下降？成语中不是说"破釜沉舟"、"置之于死地而后生"吗？

道理也很简单，当某种动机过于强烈时，就会在大脑皮层形成一个占主导地位的兴奋中心，这个兴奋中心会在人脑活动的过程中处于优势地位，从而会对其他区域的活动产生抑制作用。这就会妨碍正常的思维活动，当然会对学习效果带来不利的影响了。

造成考生心理压力过大的原因是多方面的，有的是因为家长过分加压造成的，也有的学生自身的完美主义倾向所致，所以仅仅向学生讲解了动机与效果之间的关系是远远不够的，对于部分心理压力过强的学生，则要运用心理咨询的有关技术和方法，采取个别辅导的方式，找到成因，并帮助学生加以调整。

摆脱不合理观念

到了"一模"以后，考生又会碰到一个心理关口，即自信心受到打击的问题。普遍来说，学生的"一模"成绩较前相比会有不同程度的下降，这是由于"一模"是首次综合性的测查，跟以前阶段性的考试相比自然难度增大，所以成绩的下降其实是一件很正常的事情。

如果认识不到这一点，就会对自己的信心产生动摇。更有一些学生由此产生了"我不行了"、"我完了""我高考一定考不好了"等等悲观的想法。这是耐挫能力不强的一种表现，也是"不合理观念"所导致的结果。不合理信念通常有三个特征：

（1）绝对化要求

绝对化要求即是以自己的意愿为出发点对某一事物有认为其必定会发生或不会发生。这种信念通常是与"必须"和"应该"这类字眼联系在一起的。

比如，有些学生会对自己诸如："我必须在每一次考试中都取得不错的成绩"、"我不应该考不好"等等这样的要求。怀有这种信念的考生，就很容易陷入情绪困扰。因为客观事物的发生、发展都是有一定规律的，不可能按某一个人的意志去运转。

某一个个体不可能在每一件事情上都获得成功，即学生在某一次考试时成绩不理想是很正常的一件事情。在心理辅导的过程中，要帮助学生改变这种极端的思维方式，而代之以合理的思维方式，以减少他们陷入到情绪障碍的可能性，帮助他们认识这些绝对化要求的不合理之处、不现实之处，并帮助他们学会以合理的方式去看待自己成绩。

（2）摆脱过分概括化

思维绝对化的学生往往还伴随着人格上的完美主义倾向，要求自己每一门学科、每一次考试都必须尽善尽美，一旦有一次失误，又常常会犯"过分概括化"的毛病。

过分概括化是一种以偏概全的思维方式，就好像以一本书的封面来判定一本书的好坏一样。以"一模"成绩的下降，来评价自己的学业水平，甚至评价自己的个人价值，得出自己"一无是处"、"一钱不值"、是"废物"等结论，其结果是导致自责自罪、自卑自弃的心理的产生以及焦虑和抑郁的情绪。

（3）有"糟糕至极"的想法

这是一种认为如果一件不好的事发生将是非常可怕的、非常糟糕、是一场灾难的想法。有这种想法的学生很容易过分夸大某一次考试的后果，一次考差了，就认为糟透了、糟极了，甚至引发"考大学没希望了"之类的想法。

而当一个人沿着这种思路想下去时，当他认为遇到了百分之百糟糕的事情或比百分之百糟糕的事情时，他就是自己把自己引向了极端的不良情绪状态之中了。

这个时候，要通过与不合理信念辩论的方法来帮助学生认清其观念地不合理，进而放弃这些不合理的信念，通常我会问考生这样一个问题："你是不是有充分的、合理的证据说明自己真的完了？"

摆脱了不合理的观念，学生才有可能静下心来分析自己在"一模"中所反映出的不足，从而调整自己的心态，同时更有针对性地制定下一阶段的复习计划。

跨越高原现象

"二模"之后，很多学生会进入复习中的"高原现象"。随着复习的进一步深入，觉得自己越学越糊涂，学习效率大大降低，感觉到学习好像没什么进展，甚至可能感觉到"退步"。这种随着复习时间的延长和复习难度的增加而导致的学习效果不明显、甚至呈下降趋势的现象，即是心理学当中所讲的"高原现象"。

高原现象产生的原因一方面是由于复习的深入，学习方法需要随之调整，在没有找到新方法之前，学习成绩、复习效率往往会停止不前，甚至暂时下降。另外一方面的原因由于生理疲劳与心理疲劳造成的，高三下学期的学习是相当紧张的，不少考生日以继夜，无论生理上还是心理上都很疲劳。生理疲劳与心理疲劳积累到一定程度也会产生高原现象。

那么，这一阶段就要指导学生了解高原现象产生的原因，并正确对待它，克服因高原现象产生的畏难情绪，避免失去对学习的兴趣，甚至丧失自信，影响复习效率。建议学生改变前一阶段的学习方法来适应复习的进程，并同时注意提高自己的心理素质，消除急躁情绪，增强自信心。

学会预防疲劳

"三模"以后，最需要做的一件事情就是引导学生放松心情，预防疲劳。疲劳的典型表现有大脑发晕、注意力分散、打瞌睡、作业速度明显减慢、错误率提高、思维混乱等。这是考生在连续紧张学习一段时间后，自然发生的体能衰退的现象，这是人体防止能量过度消耗的一种保护性反应。也是一种需要暂停学习，进行调节休息的信号。

休息时间紊乱、学习内容过多过难、心理压力过重、学习方法不当、学习动力不足、营养不合理、不良的学习环境，都有可能引起学习疲劳，如果漠视这种现象，严重的还会导致神经衰弱。神经衰弱的学生会倍感疲倦，一些让人分心的联想或者是回忆不断地闯入脑海中，让人厌烦，可又挥之不去，注意力难以集中，思维活动缺乏效率。

在这一阶段，心理辅导老师应该适时地向学生介绍一些预防学习疲劳的方法。比如我们可以控制好自己的睡眠时间，在学习的间歇也可以闭目养神，还可以在感到疲劳的时候去散步、打球和进行一些轻微的体力劳动，甚至与别人聊聊天，也可以达到休息的目的。

在组织复习的时候，还要注意各科学习时间的排列和搭配，做到文理相间、抽象性为主的学科和形象性为主的学科交替、脑力活动与体力活动交替、内容多的与内容少的学科交替，使神经活动得到调节，这样，大脑皮层的神经细胞不仅不会疲劳，而且还有相互促进的作用。

学会运用心理暗示

积极的心理暗示的运用是应该贯穿于整个复习过程中的。有一则趣闻，说是有一个人，进入冷藏室后被无意地关在了里头，顿时他极度紧张，越想越怕，越怕越冷，最后被"冷"得缩成一团，竟在惊恐中死去，可是，当时冷冻机压根儿就没有打开，冷藏室的温度并没有冷到冻死人的程度。

那么这个人是怎么被"冻"死的呢？这就是"心理暗示"作用的结果。他老想着"我快要死了"，一遍一遍地进行自我暗示，结果导致死亡。暗示是普遍存在的心理现象，在一切人身上皆可见到，暗示的特别功效在于，它不仅影响意识，还能影响潜意识，调动并控制生理反应。

在考试前，如果总是担惊受怕，总是问自己"考不好可怎么办?"那你就总也摆脱不了焦虑的困扰。坚定地告诉自己"我一定能行"，"我有信心考出水平"，"我有能力考出水平"，"今天的精神真好，我一定可以考好"，"没关系，无论考试结果如何，那将不会是最后一次。"

每天面带微笑地打开课本，笑是人充满信心的表现，是人快乐的表现，笑和自信的体验是一致的，是和人的自信相互促进，充满信心使人微笑，微笑使人信心增强。考生经常微笑，内心就会自然滋长自信的体验。走路的时候昂首挺胸，让自己的步伐坚定有力，适当地加快一点速度，都是一些积极的心理暗示。

创设宽松环境

以上五个方面是针对学生不同阶段的心理状态自我调整的指导，除此之外，还要以家长学校为途径，取得家长的配合，共同为考生创设一个宽松自如的环境。考生家长应该帮助子女树立必胜的信心，创造宽松、欢乐的家庭气氛，不去渲染考试的艰难，给孩子制造畏难情绪。

在学生备考的过程当中，尽量避免家庭纠纷，否则会使考生的情绪受到影响;并要减少亲朋好友的互访，各种不同层次的关怀、担心，反而只能起到把考生心绪搞乱的作用;在与孩子交流的时候，要注意不使用许诺和威胁性的语言，这容易使考生患得患失、畏首畏尾。

综上所述，高三年级学生的心理状态是有规律可循的，在不同的阶段会呈现不同的特点，心理辅导工作应针对这些阶段性特点，运用心理讲座、团体辅导、个别咨询等形式，帮助考生调整好自己的复习状态，扎实的功底加上良好的心态，一定会在考场上取得满意的成绩。

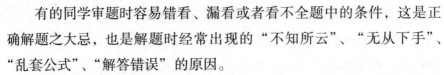

10. 训练学生考试审题的技巧

考试是考查同学们的知识水平和能力的一种手段。为了全面真实的展示自己的水平和能力，首要条件就是认真审题，怎样才能做到审题认真呢？这就要求同学们养成"眼看时要专注"、"嘴读时要认真"、"手画时要勤动"、"脑思时要敏捷"的良好习惯。

眼看时要专注

一道题目展现在我们的面前，首先是要全面、细心的看题目，特别专注题目中关键性的字、词语、句、数据、图表等条件，从中获取解决问题的有用信息。要全面分析出已知、未知的物理条件，特别是一些隐含在题目中的物理条件。

有的同学审题时容易错看、漏看或者看不全题中的条件，这是正确解题之大忌，也是解题时经常出现的"不知所云"、"无从下手"、"乱套公式"、"解答错误"的原因。

同学们在"眼看"过程中要专注，边看边思索，边看边联想，弄清题目中所涉及到的物理现象和过程，正确建立起物理模型，找准变化量之间的关系，真正做到看的认真扎实，直到心中有数为止。

嘴读时要认真

在专注看题的同时，我们还应该跟着默读。这是强化审题，更全面接受题中信息的一种有效手段，它能解决同学们错看、漏看等问题。我们可以发现，成绩优秀的同学拿到一道题目时，总是一边看，一边小声读题或默读，逐字逐句反复研究，显得非常认真仔细。

不光是解题的速度快，而且解答的正确率也非常高。这就要求基础较差的同学要更加认真的默读题目，从"嘴读"中寻找更多的灵感，通过"嘴读"的方法挖掘不易发现的解题条件，寻找解决问题的正确途径。

手画时要勤动

"手画"也是一种审题方法，就是对题目中出现的物理情景、物理模型画一些必要的草图来反映物理变化的过程，从中找出题目中的关键之处，这是解题时很重要的一环，也是寻找解题的突破口。

对于一个题目，在"眼看、嘴读"的基础上，根据题中已知物理量的数量关系、充分想象、分析和判断，运用"手画"的方法画出合理的草图，以展示其完整的物理过程图景，使物理现象和过程更为直观明了，它将对解题带来极大的方便。同学们要克服懒惰的思想，在解题时养成"手画"的良好习惯。

脑思时要敏捷

通过"眼看"、"嘴读"、"手画"，在我们的大脑中将储存一些解题信息，同学们应该用自己的大脑全面、准确、快捷地去思考，分析出解题的思路和方法。其实，每个人在解题时都会遇到关卡，此时一定要沉着冷静，切忌遇到困难就自乱阵脚，否则就会越做越紧张，结果是可想而知的。

对于难度不大的基础题目，我们可以顺利地解决，但这时不能掉以轻心，洋洋自得，因为这些题目看似简单，却有可能暗藏着小小的陷阱，一不留意就会掉下去。遇到自己认为较难的题，或者从来没有碰到过的题型而一时无从下手时，千万不要认定自己做不出来，或者心灰意冷，或者直接放弃，这时可以采用一些巧妙的办法。

比如，先闭上眼睛，深呼吸几下，这样可以使自己的情绪得到稳定，心情自然会平静下来，然后再集中全部精力攻克这道难题。遇到难题，最好先从简单的方面入手，将可以想到的步骤一步步清楚地写出来，有时会灵机一动，茅塞顿开，出现"柳暗花明又一村"的情况，退一步来说，即使得不到最终答案，也会获得某些步骤的分数。

总之，同学们要知道审题是重要的，不管是平时做习题还是考试，都应该注重这方面的训练，逐渐养成良好的审题习惯，并且积累审题的经验，锻炼能力，这对同学们是大有好处的。

11. 学生考试的复习方法

复习是巩固和强化所学知识必不可少的手段，是学习过程中至关重要的环节。复习不单是机械的重复，而更应包含着对知识的理解和运用。

平常学习好一些的同学应该利用复习之机，在知识的迁移、在能力的训练上下功夫，做到触类旁通，举一反三，使自己在学习上再上新层次，进入更高的学习境界。学习一般的同学更应该加大复习力度，巩固基本知识，掌握基本技能，做到温故而知新。如何有效利用时间？如何提高复习效率？

制定合理的复习计划

每位同学应该根据这次复习的课程，制定切实可行的计划。俗话说："凡事预则立，不预则废。"期末考试科目多，内容庞杂，很多同学复习起来感觉到千头万绪，无从下手。

这就要求我们根据学科特点制定出适合于自己的切实可行的复习计划，对后几天的学习作出详细、科学、合理的安排，以便心中有数。当然，光有计划还不够，还需要同学们集中精力，充分利用时间保证计划的落实。那么时间哪里来呢？有人说一个用"分"计算时间的人，比一个用"时"计算时间的人，时间多出几倍。

鲁迅先生正是把别人喝咖啡的时间都用上，把一些零散的时间"焊接"起来，才铸就了令人羡慕的丰碑。我们要充分利用点点滴滴的时间，争取多记几个公式，多背一段文章，多温习一遍老师在课上讲的重点，保持这样的"挤"的恒心与韧劲，才能把有限的时间变成无限的力量。

构建完整的知识结构

完整的看一遍教材，理清知识要点，构建知识网络。我们平时学习的时候，大脑中接受的是相对单一的知识点，一学期下来，许多同学会感到头脑里装了很多东西，很多很乱。

所以，在考前我们应该将平时所学习的知识进行整理、归纳理清教材的思路，完整地把教材看一遍。这样我们能够在头脑中构建起一个知识网络，从而形成一个完整的知识体系，便于知识的提取。

学会对知识点的梳理

在对知识点进行梳理的时候我们应抓住重点、难点和疑点。对于重点应吃透，并尽可能在实际中进行运用。对于难点则要努力攻破，一方面可以结合教材中的内容进行理解，另一方面同学之间可以加强交流，在交流中解决这些难点。

而复习更重要的是查漏补缺，对于一知半解的疑点决不可轻易放过，任何问题在我们的头脑中都不应是模棱两可的，可以准备一本本子把平时的练习中所出现的错误都记录下来，再进行一次分析，以避免下次再犯同样的错误。

学会用方法适当的做题

复习的方法多种多样，不同的方法也许适用于不同的人，我们应在实际运用中找到适合自己的复习方法，同时应注意不断地变换自己的复习方法。

有时我们常会感到一种本来十分灵验的方法经过一段时间后变得不再灵验了，这就要求我们及时地改变方法，以不断提高复习的效率。当然复习时适当地做题是必不可少的，可先选做不同类型的题目，在练习中使知识点得到了巩固，运用能力得到了提高。

学会考前虚心考时自信

要有虚心的心态，意识到自己还有许多不明白的知识点，还有没完全掌握的技能方法，这样才能在复习时深入钻研，仔细琢磨。而在考试时同学们应调整好自己的心态，努力放松自己，以必胜的信心，坦然面对考试。

在复习的最后阶段，我们可以将一些期末的练习题当作正式的期末考试，利用它们来调整自己的心理状态，并不断积累经验，提高自己的应试技巧，从而使自己在走进正式考场时能进入一个最佳状态。

总之，复习的方法多种多样，不同的方法适用于不同的人，我们应在实际运用中找到适合自己的复习方法，同时应注意不断地变换自己的复习方法。有时我们会感到一种本来十分灵验的方法经过一段时间后变得不再灵验了，这就要求我们及时地改变方法，以不断提高复习的效率。

12. 学生临考前的复习方法

科学研究表明，人每天有四个高潮记忆点：第一点是清晨六至七点，此时大脑已在睡眠过程中完成了对头一天所输入信息的编码工作，加上没有前后识记材料的干扰，识记印象清晰，记忆效率高。第二点是上午八至十点，此时精力旺盛，识记材料的效率高，记忆量较大。

第三点是傍晚六至八点，第四点是临睡前一两个小时。这是因为，一是因为发生记忆后不再输入其他信息，故不存在"后摄抑制"的影响；二是大脑会无意识地进行信息编码整理，使识记材料条理化、系统化，有利于记忆的保持和摄取。考生应根据此记忆规律，安排好各门功课的复习时间表，以期收到好的学习效果。

合理规划日程表

到临考前十天左右，复习大局已定，应收缩到教材上来，通过看书上的目录标题、自己平时勾画的重点等，一科一科地进行回忆，发现生疏的地方，及时重点补充一下；已经掌握了的内容，可以一带而过。

还可以看看自己总结的提纲及图表、重要公式、定理等，集中抓知识的主干，犹如动员大赛前的准备活动或适应性练习一样，通过这十天的收缩复习，强化记忆，为自考进一步打下牢固的知识基础，以便能在考场上根据主干线索，迅速回忆。熟悉地掌握知识的整体框架，才能应试中八九不离十。

考试前几天，要保持良好的学习和生活节奏，适当减轻复习的密度和难度，这是为了收到"先退几步，再跳得更远"的效果，保持大脑皮层中适宜的兴奋程度。

复习要诀

复习要围绕一个中心内容来进行。从内容上来说不要超越教学大纲，也不要离开教材范围。每次复习的内容不要太多，要适当；要注意文理交替，也就是说尽量不把内容相近的科目放在一起复习。

要有集中的时间和安静的环境。订一个复习计划，某一科的复习时间相对集中。复习时尽量减少干扰，保证有安静环境以集中注意力。

要做好复习前的准备工作。平时要利用零星时间，把与复习有关的书、笔记、作业试卷、参考题准备好，以便复习时综合比较，避免浪费时间。

认真做好复习笔记。在复习中应及时把自己思考总结出的完整而系统的知识记下尽量简明，有的可用图表。汇总起来，就是编织的知识之网。由厚厚一本书变成薄薄几页纸上的东西，既起到提纲挈领的作用又有利于下次复习，强化记忆。

用回忆法进行复习。在复习每个具体问题时，最好先独立想一想再看书；在复习每第二个章节时，最好先把前面的回忆一下。在全面复习完后，最好把整个的知识点在脑中过一次电影。

要适当看点题，做点题。在复习知识的同时再做些题目练一练。做题时应先回忆解题思路。做题应围绕复习的中心选题，题目宜精不宜多，应注意题目的类型和综合性。

消除复习中的心理疲劳

（1）切除"懒根"

狠一点没关系，对自己实行强迫性的"劳动改造"。如今晚要温 10 页书，做 20 道题，那么就一定要完成。否则，罚自己 20 个俯卧撑，或者更重的"刑罚"，罚到自己懒意全消。

（2）适当调剂一下心理

一件自己厌恶的事，天天强迫自己去做，容易产生心理的抵触。所以你应试图说服自己温书如何重要，并在脑中展现自己美好的前景。还可以试图改变一下自己的学习方法，让复习更有乐趣。

比如，自己考考自己，来点刺激，也可自己扮成老师，用讲解的形式来温习；还可把复习的内容用卡拉 OK 的形式唱出来，或者来一段评书。

学习一段时间后，要休息一会儿，听听音乐，散散步，看点有趣的书，甚至嗑嗑瓜子也无碍。此外，还应有意识地为自己营造一个轻松愉快的气氛，放些背景音乐，收拾干净书房，让你的精神也为之振奋起来。

考前不宜强行重复复习

科学研究证明：考试前的一两天不宜再重复已复习过的东西。因为重复复习，会在考生心理上产生不良效应，紧张状态下的强行突击记忆的东西会对保持或回忆以前学习的材料有干扰作用。

因此，考试的前一天，应当舒舒服服地睡个午觉，出去玩，听听音乐，看场电影，轻松一下，这样对第二天考出好成绩是有利的。

增进记忆力的按摩

你想增进记忆力吗？现介绍一种后颈按摩法，只要经常做，就可起到解除大脑疲劳，增进记忆力的效果。

在后颈的颈窝外侧的发际处，有一个叫"天柱"的穴位。再稍微向上一点，又有一个叫"风池"的穴位。按摩这两个穴位可改善大脑的血液供应，使脑功能增进，而且对于头疼，也有治疗效果。

按摩方法：将两手指交合起来，连同掌部一起放在后颈处，用拇指的第一关节均匀地上下轻揉这两个穴位。按摩时要抬起下巴，脑袋后仰，效果才会明显。按摩五秒钟，间歇二秒，如此反复五到十次，头脑就会感到舒畅。

另外，在两耳尖向上的交叉处，有一个叫"百会"的穴位，用两手的中指按摩此处，可以消除头晕眼花。

科学的复习方法

这里介绍一种科学的学习方法，供同学们备考时参考。国外流行一种叫 SQ3R 的学习法。SQ3R 是观察（S）、提问（Q）、阅读（R）、背诵（R）和复习（R）的总称。

（1）观察

观察就是先把复习大纲和课本、补充读物大致地翻阅一遍。把与自己备考有关的材料找出来，把与备考无关或与"大纲"要求不一致的材料弃去。

（2）提问

提问即把找到的有关考试的书、材料速读一遍，找出重点，去粗取精，边读边按大纲要求，逐个提出问题，然后找出答案。这就是经常强调的培养学生分析问题和解决问题的能力。

（3）阅读

认真仔细地阅读、复习课本的每一段落、每一个重要章节。并做好笔记，特别是每章节的大、小标题要熟记。因为这都是这段主要内容的概括。

（4）背诵

每读过一个章节后，要记住其基本要点。然后合上书本，回忆所读过的内容。这就是所说的加深理解记忆和能力。实践证明，要掌握一门课程，需要阅读和背诵4至5遍。

（5）复习

在听串讲或老师辅导后，回忆一下主要内容。即刻复习，要比几天后再复习效果高出几十倍。每当听完一堂课，就用1到2分钟回忆一下主要内容。也就是这堂课的中心思想，将其中最重要的记录下来。这样慢慢地归纳、积累，便总结出这门课程的精髓。记住这些东西，可以说就掌握了这门课程。

苦干、实干和巧干

每位考生的基础不同，复习的态度和方法也不一样，考生的复习过程中大致可分为苦干、实干、巧干三种类型。

（1）苦干型的表现

在时间安排上不够合理，每天十几个小时，经常早起晚睡，加班加点，苦熬时间。在学习方法上不够科学，只求数量，不重质量，加大练习量，误以为多多益善。苦干的效果很不理想，隐性的损失更大，累坏了身体，心理状态不佳。这种苦干性的复习方法效率低，效果差，得不偿失，不足效法。

（2）实干型的表现

不像苦干那样搞疲劳战术，而是合理安排作息时间，脚踏实地，按部就班，一步一个脚印的复习，步步为营，战则必胜，不做虚功，讲求实效。实干的效果明显高于苦干型。

（3）巧干型的表现

在时间安排上科学、合理，按时作息，有一定的时间进行体育锻炼和文娱活动，还能抽出时间帮助学习上有困难的同学。在学习方法上，他们不是全面出击，而是重点突破，既重进度，又重效率。

巧干型同学成功的学习经验，值得大家学习和借鉴。首先，他们按照课本目录和听课笔记，把书读薄，抓住复习的重点，重视课本中"总之""综上所述"等关键部分，加深理解，以点带面。

其次是攻破难点和疑点，对于尚未理解和牢固掌握的内容，对于似是而非、似懂非懂得内容，集中全力，各个击破。再次是掌握特点，各个学科的性质、内容不同，每个学科的各个部分也有差异，通过比计较异同，抓住了这些不同的特点，就抓住了事物的本质和规律，就会记忆牢固、理解深刻、运用灵活。

还有，从自己的实际出发，在全面复习的基础上分出轻重缓急，抓住薄弱环节，把课内学习和课外学习、社会生活结合起来；把知识学活，运用科学的学习方法，不断归纳、整理学过的知识，理出头绪，便于掌握，养成勤于思考、勤于动笔、勤于质疑、勤于积累、勤于提炼等良好的学习习惯。

三种类型的复习，方法不同，效果大不一样。苦干不如实干，实干不如巧干。

13. 尖子生学习的复习方法

尖子生这个群体有着共同的优点，那就是聪明和爱做题。聪明体现在记忆力好和思维敏捷，只要经过他们做了的老师讲解过的题目，他们很快地写出答案来，只要老师将题目读完，就有了解决的思路，不需要老师太多的点拨。爱做题，是尖子生优秀的根本原因，有大量的实践练习，做题的速度飞快，中档题对他们来说是小菜一碟。

以学为先

一旦打开书本，尖子生绝大多数都能做到电视不看、电话不接、零食不吃。精力高度集中，有一种投入其中、自得其乐的状态。他们目标高远，思想单纯，不胡思乱想。在他们心目中，学习是正事，理应先于娱乐，一心向学，气定神闲，心无旁骛，全力以赴，忘我备战。

分秒必争

尖子生学习十分自觉，有的在夜深人静时勤奋学习；有的鸡鸣即起刻苦用功；有的放学回家就趁热复习。能够闹中求静，不会太多地受环境干扰，他们坚持不懈，做事专一，始终如故。绝不把时间浪费在无谓的事上，显示出独特的处事方法。

善用零碎时间，每天在晨跑中、吃饭时、课间、课前、休息前等零碎时间里记忆词语，背诵公式，破解疑难，调整情绪。无论怎样各具特色，有一点他们是一致的：保证学习时间，学会见缝插针利用好空余时间，经过日积月累，效果很可观。

阅读有方

学会了速读和精读，阅读前先看目录、图表及插图，先有初步了解后再阅读正文就能学到更多的知识。当积极的阅读者，不断的提问，直到弄懂字里行间的全部信息为止，特别是弄懂知识的起点和终点，梳理好知识要点。一有时间，就广泛涉猎课外其他领域的知识。

合理安排

把常用的与学习有关的东西都放在伸手可及的位置，做事有主见、有策略，每天有天计划，每周有周计划，按计划有条不紊地做事，不一暴十寒。在合理的时候做合理的事情，该做啥时就做啥，不背道而驰。

比如，抓课堂效率，当堂听，当堂记，当堂理解，不理解的话课下或者当天找时间主动找老师请教，做到堂堂清；利用好时间，勉励自己完成当天的学习任务，做到日日清；能够劳逸结合，张弛有度，动静相宜；坚持紧跟老师步伐复习，不误入歧途；坚持勤睁眼常开口，对课本上的东西多看，对未懂的内容能多问。总之做好学习、工作、生活的"司令员"，从容做事。

勇于提问

课堂上勇于提问是尖子生渴望和追求知识的表现，他们知道高分是来自对知识的透彻理解和掌握。在学习的过程中，把没有弄懂的问题通过提问，通过爱问，达到深入研究，仔细体会的目的。

所以，在学生群体中间，好问的学生占有老师大量的资源，有一种得天独厚的优势，而不爱问的学生，就主动放弃了别人的帮助，让自己在困境中越陷越深。

善做笔记

尖子生往往一边听课一边记重点，不是事无巨细全盘记录，特别善于记下老师补充的东西，课本上没有的东西，特别是思维方法更是认真记录。老师在课堂上强调的重点，在他的笔记本里都应该找到。

有位尖子生在自己笔记中间画一条线，一边记老师的重点，一边写课文里的注释，复习一举两得。能及时整理自己平时细心积累的笔记本和错题集，特别注意让知识系统化，积极思考能解决什么问题。

勤于思考

这一条贯穿于听课、做作业、复习等各个阶段。比如：做完一道题后，要对答案，这里他们会有一个反思的过程，弄清这道题考的是什么，用了哪些方法，为什么用这样的方法，做到举一反三、触类旁通的效果。又如：学习时不仅将课本中各知识点记住，还通过思考，抓住各知识点之间的内在联系，甚至注意到不同学科之间的渗透，以便形成清晰的知识网络。

书写整洁

通常，书写整洁的解答比潦草乱画的得分高。大家都有体会，乳白的鲜牛奶装在脏兮兮的杯子里，谁喜欢喝？其实不是老师在试卷评判过程中有多大的随意性，工整地书写便于让老师判断解题的过程，也是培养一种很好的书写习惯。

尖子生作业规范，审题认真，冷静应答，把每次作业当作高考，作业工整，步骤齐全，术语规范，表述严谨。规范不仅训练仔细认真品质，更能养成细心用心习惯，从而激发学习潜能。

自我调整

不回避问题，遇到问题能通过找老师或者同学或者自我反思进行自我调节，摒弃外界和自身的压力，自觉地放下思想包袱，化压力为动力，不管是课业繁重还是轻松顺利时，都保持一颗平常心。不断地对自己进行积极的心理暗示，在这样不断的积极心理暗示下，信心值就不断上升，通过努力，去想了、去做了，没有什么不可能的。

一旦在学习中遇到了挫折，心情变得非常急躁时，就暂时停止学习，一个人静静地思索，进行心态的调整，不断地在告诫自己"宁可不打仗，绝不打乱仗"。备考阶段与前期一样，每一天都努力学习，完成当天的学习任务，追求高效每一天，不把时间浪费在焦虑上。

学习互助

与同学开心地相处，遇事不斤斤计较，宽容豁达；珍视同学间的友谊，在学习中互相支持和帮助，经常一起讨论学习中的问题，使用不同的解题方法并相互交流心得。有了这种和谐的同学关系，才能全身心地投入到学习中，从而保持较高的学习效率。

除此以外，绝大多数尖子生还有一条无密可言的"秘诀"，那就是：父母熏陶。他们的父母对孩子高标准严要求，不娇生惯养，使父母用以教育孩子的使命感，在孩子身上得到了延伸。许多尖子生从小就是在父母熏陶下热爱学习、善于学习，对学习充满激情，在学习中体验乐趣，在学习中增长见识，在成功中充满自信。

获得高分最可靠的因素是懂得怎样开发本人的潜力。"尖子"生名列前茅的技巧，其他人并不难学到手。相信同学们通过规范习惯、调整心态、训练技巧、利用环境，能够提高学习效率，最终成为真正的尖子。

14. 学生开卷考试的复习方法

随着近几年开卷考试的试行，传统的复习方法已失去原有的效果。如何提高复习效率，以便更好的应对开卷考试和开放性试题，已成为学生提高成绩的关键，同时，作为教师如何上好复习课，教会学生如何复习显得尤为重要。

夯实基础知识

实行开卷考试后，很多学生有一个错误的观念：现在轻松多了，不用死记硬背，考试时只要翻翻书就能对付了。却忽视了翻书的必备条件就是对基础知识的熟悉和对整体知识的把握，如同"巧妇难为无米之餐"，在考试时表现出"寻寻觅觅无觅处，匆匆忙忙乱翻书"。

分析近几年中考试题，最能体现课改方向、命题趋势的"开放性"试题，答案也几乎都源于教材中的知识点。所谓"题在书外，理在书中"，而选择、判断、简答等就更注重对基础知识的要求。因此，我们在复习时一定要以教材为主，重视对基础知识的识记和理解。

在第一轮复习中，我们老师要从宏观上把握教材、驾驭教材，对每一课、每一单元知识的整体结构有一个清晰完整的认识，所谓"牵一线而控全局"。我们学生要化一定时间重新梳理每一课的知识点、重点、知识结构。

复习课不像新授课，教师不可能重新再讲一遍，而要侧重于发挥学生主体作用。可采用让学生自己写复习提纲、整理笔记的形式，学生通过课前或课后对照中考说明阅读教材后归纳、整理出每一框题、每一课要掌握的内容，可以图表式、提纲式、问题式，然后教师加以点拨。

觉得这种方法效果比较好，学生经过自己的整理，对书本上的知识加深了印象和理解。对基础知识的梳理无须老师化课堂上的时间，只要学生课余时间完成。这仅仅是复习的第一步，也就是所谓的抓住了基础分数。

把握重点内容

教材中的知识具有一定的内在联系，现在的开卷考试更注重考察学生的归纳、分析、灵活运用问题的能力，近几年的中考试题特别是最后的分析探究题更是如此。我们的学生失分最多的也在此，去年的中考就是这样，所以在复习时只抓住基础知识，那是远远不够的。

那么如何把握重点，找出知识间的内在联系？一般来说，这个过程应由教师和学生一起完成，教师首先在把握教材内容的基础上，给学生明确哪几个是重点？对照中考说明，针对这几个重点，要采用灵活多样的方法讲清讲透，找出知识点之间的内在联系，然后再拓展延伸。

如在复习"依法治国是我国的基本治国方略"时，我把它和另一个治国方略，即以德治国结合起来，找出其内在联系，设置了一系列相关的问题让学生分析、比较：为什么要把依法治国、以德治国作为我国的治国方略？为什么既要依法治国，又要以德治国？两者是否相矛盾？依法治国、以德治国能否相互代替？为什么？

要分析上述的问题，实际上是要学生找出"法律和道德"、"社会主义法律和道德"这两个知识点的内在联系。通过对知识点的分析、比较以及相应的习题训练，很多学生自然而然会把知识之间的内在联系找出来。

当然，这是一个循序渐进的过程，要求我们老师必须持之以恒才有效果。把握住知识间的内在联系，是取得优异成绩的必然要求。

提高分析能力

在前二步的基础上，教师要精选题目，强化训练同时还要举一反三，在解答题目的过程中提高学生解题能力。

首先，要选择不同类型的题目。典型例题训练，应注重针对所复习的重点，结合考纲要求，设置一到二个例题，例题最好是从近几年中考考题中选择或改进的。比如，复习"我国人民当家作主"这一知识点时选取去年的中考题，"在我国，人民是国家的主人，那么国家是如何从政治和经济上保证人民当家作主的？"

再加以改进和补充，这样的题目：在我国，人民是国家的主人，那么人民是如何行使当家作主权力的呢？我国的根本政治制度是如何体现人民当家作主的？这样既有说服力学生又感兴趣。探究题的训练，注意对数据、表格的分析。要达到上面的要求我们老师就必须做有心人，多搜集资料。

提高应试能力

现在的考试靠死记硬背课本的"条条"，照搬现成的答案是不行的。所以在掌握了扎实的基础知识，把握了重点内容后，还应掌握一定的正确的解题方法。作为老师不应只授予"是什么"、"为什么"，还应教会学生一定的解题技巧，"授人与鱼不如授人与渔"。

在训练中提高能力，不同类型的题目解答的方法、步骤是不一样的，作为教师在平时的练习中、复习训练中一定要教会学生如何读题审题，找出关键词，看清题目，找出相关知识点。事实上，我们的很多学生往往不掌握方法而急于求成，这是很不可取的。

随着考试改革的深入，试题形式和设问方式尽管日趋多样灵活，但不少类型的题目是有其自身的解答规律和技巧的。因此，答题规律的掌握、技巧的训练也应引起我们的重视。

在复习中注重学生答题技巧的训练，如：解答开放性试题时采用"读、找、联、结"四字解题法。"读"即认真读题，在读中理解题目所给材料的内容，以及所提出的问题；"找"即在读的基础上找出题中的关键词；"联"即在找的基础上将题中关键词与课本知识的以及自身的实践经验等进行联系，寻找相关的知识点；"结"即对前面分析、联系所得到的知识点和认识进行总结，组织好答案。

又如：解答判断题的"判"、"给"、"析"、"结"的四步答题法。

另外如选择题、改错题等，都有一定的规律可寻，注重学习归纳，掌握这方面的一些规律，并加强训练，是有利于提高答题技巧的。可见，通过强化训练及应试能力的培养是提高综合运用知识解决问题能力的很重要的一步，也是学生取得优异成绩的重要环节。

总之，初中思想政治课的复习应以注重培养学生的创新精神和实践能力为重点，以抓住基础知识，重点内容为结合点，以答题技能的强化，适当的训练为突破口，扎扎实实并敢于创新，才能应对自如。

15. 高考语文的复习方法

高中语文学习多靠平时积累，于高一、高二阶段常为人所忽视，因之积弊甚久，至于高三，则成为大部分考生的短板。无论是处于顶尖位置的考生，还是大量的中流考生，都在语文学科上存在一定问题。因此，语文是大部分高考考生，特别是理科生的弱项，提升空间较大，应当加以格外的重视。

人们还有这样一种误区，以为语文难以速成，到了高三更无法短期见效，于是便在一定程度上对语文的复习有所松懈。这种做法显然是不明智的，我们认为，对考生进行系统训练之后，其语文水平完全可以发生脱胎换骨的变化。也正因其提分确实较慢，当于第一轮复习中抢先打好基础，方利于后期复习中其他学科的进展。

第一轮复习阶段

从第一学期开学到寒假，是为第一轮复习阶段。在此阶段，大部分学校均按试卷题型顺序，将所有题型梳理一过。而且，很多学校会习惯于从语基部分开始复习。

此法固然可以拉长语基的复习周期，有利于平时积累，但目前语文高考中最无足轻重者即为语基，若将高三初期最充沛的精力倾注于此，则实为得不偿失之举。因此，我们主张：第一轮复习应以作文为主，古诗文为次，最次者即为语基。在此阶段，主要侧重积累。

第二轮复习阶段

从第二学期开学到二模前后，是为第二轮复习阶段。在此阶段，各科基本均以专题形式对知识点进行重新整合。唯语文罕言知识而尤其侧重能力训练，难以炮制此法。我们主张，这一阶段应在前期积累的基础上，更加强调应试能力的训练。换句话说，就是如何去拿分。

在此阶段，便可大张旗鼓地灌输种种应试技巧，在积累充足的基础上，作文、古诗文的成绩都会出现较大幅度的增长。这一阶段可以称为语文复习的收获期。

第三轮复习阶段

从二模到高考前夕，是为第三轮复习阶段。在此阶段，主要任务便是查漏补缺，补足能力漏洞，针对自己长期以来未得改善的弱项进行集中突破。很多考生经常能于此阶段对应试规律有所领悟，亦切不可小视。

通观整个高三语文复习，应当特别注意以下几点：

①侧重于作文和古诗文，因为这两部分在高考中的分值比重可以达到三分之二以上，而且提分速度胜于语基和阅读。

②注意将知识点变为实际的分数，也就是提高应试能力，而不是留连于具体的知识点。要始终记住这一点，在文科的考试中，知识点永远没有解题能力更重要。记忆并非文科复习的主要工作。

③注意多做真题，不仅是在数量上要多做题，更重要的是在次数上要把一道好题反复揣摩。不迷信模拟题，不盲从外省题，不追究偏题、怪题。

16. 高考数学的复习方法

科学巨匠爱因斯坦的著名公式是 V = X + Y + Z：V – 成功；X – 刻苦的精神；Y – 科学的方法；Z – 少说废话。几个月复习时间，对考生来讲犹如万里长征。要有充分的思想准备，很多成功考生的经验告诉我们："信心和毅力比什么都重要"。那些肯于用自己的脑袋学习，既有刻苦精神，又讲求科学方法的同学，在学习的道路上一定会有长足的进步。

基础复习阶段

这个阶段的复习是整个高考复习中最关键的环节，一般从 8 月份到第二年的三月份，历时 8 个月，这一阶段的复习效果直接影响整个高考的成败。

因此，同学们应该高度重视，在第一轮复习中我们必须严格按照《复习大纲》的要求，把《大纲》中所有的考点逐个进行突破，全面落实，形成完整的知识体系。

这就需要考生要对课本中的基本概念、基本公式、基本方法重点掌握，在复习中应淡化特殊技巧地训练，重视数学思想和方法的作用。

常用的数学思想方法有：

（1）函数思想方法

根据问题的特点构建函数，将所要研究的问题转化为对构建函数的性质如定义域、值域、单调性、奇偶性、周期性、最值、对称性、范围和图像的交点个数等的研究。

（2）方程思想方法

通过列方程建立问题中的已知数和未知数的关系，通过解方程实现化未知为已知，从而实现解决问题的目的。

（3）数形结合的思想

它可以把抽象的数学语言与直观图形相对应，使复杂问题简单化，抽象问题具体化。

（4）分类讨论的思想

此思想方法在解答题中越来越体现出其重要地位，在解题中应明确分类原则：标准要统一，不重不漏。

同时考生在此阶段的复习过程中一定要重视教材的作用，有很大一部分考生不重视课本，甚至在高考这一年中从来没翻过课本，这是非常危险的。因为高考试题有一部分都是从书上的例题和练习里引申变形而来的，对于我们基础比较薄弱的同学来讲，就更应该仔细阅读教材，认真琢磨书上的例题，体会其中包含的数学思想和数学方法。这对于我们提高数学能力是非常有帮助的。

对于课外参考书，选择一到两本适合自己的参考书，把里面的精髓学懂学会就足够了，不必弄的太多，弄的太多，反而对自己是一个很大的包袱。

专题强化复习阶段

一般从三月份到四月底，由于第一轮复习是以各知识板块为主，横向联系不多，因此在第二轮复习中应重点突出在知识网络交汇点处地复习，高考中一般有下面几个专题，即：函数与导函数专题；平面向量与三角函数专题；平面向量与解析几何专题；空间向量与立体几何专题；概率与统计专题；数列与不等式专题等。通过这几个版块的复习，目标在于提高学生解答高考解答题的能力。

此阶段学生不应沉迷于套卷演练，而应以典型例题为载体，以数学思想方法的灵活运用为线索，讲求解题策略，使自己在第一轮复习的基础上，数学素质得以明显提升。

值得注意的是在这个阶段，当年的《考试大纲》已经出台了。考生应该仔细阅读《考试大纲》，针对前期的复习来查漏补缺，特别是对于《大纲》中与往年变动的地方我们一定高度重视，重点复习，争取在高考复习中面面俱到，不留死角。

考前冲刺复习阶段

在这个阶段我们应该大量做一些练习，要做题先要选题，高考真题一定是最好的练习题。因此建议一定要好好做一下最十年以来的高考试卷，包括全国卷和地方卷，其次最好能找到近 5 年以来各区的统考试题，在做题的过程中来巩固前面复习过的考点。

同时，最后的复习别忘了课本，特别是在考前应该再次翻开课本，把里面的公式和定理再看看，把典型的例题再做做。因为书上的例题毕竟比较简单，在考前做例题一是防止手生，便于高考正常发挥；二是有助于提高我们的自信心。

在高考复习的整个过程中，我们最好能建立一个积错本，就是要求我们在每一次练习中对于错误的地方一定要进行错误分析。一般错误包括三种：一种是计算失误，一种是审题失误，一种是思维起点错误。

对于第一种，这是我们大多数同学经常出现的问题，在高考备考中我们一定要注意，每次考试和做题中一定要有始有终，千万不能眼高手低。我们很多同学在平时训练时一看题觉得自己会做就放弃演算过程，这是不好的学习习惯，只有每次在做题时能善始善终，才能提高我们运算的准确度，避免计算失误。

关于第二种审题失误。比如，在有一年的高考中让你求的是极值，而我们很多同学求的是最值，画蛇添足，浪费了时间还要扣分。对于这种情况，在考试时一定要先把题仔细阅读一遍，甚至可以把试卷上的关键字做上记号来提示你充分而准确地利用已知条件，这是一个不错的办法，同学们不妨可以试试。

对于第三种，这是一个很关键的问题，解答题在高考中占了很大的比例。要克服这个问题，我们在平时学习中一定要注意积累一些典型例题的典型解法，比如在解析几何里的动点问题我们可以考虑消参法，数列中的构造法，函数中的转移法，等等，这都是很好的方法。

在备考中通过掌握这一种方法就可以很顺利做一类题目，触类旁通，举一反三。只要我们在平时不断积累，我们就会不断进步，高考中就会得心应手，出奇制胜。

最后，要注意锻炼培养良好的心理素质。高三期间有许多模拟考试，一是为了检查同学们的复习情况；二是为了模拟高考情景，锻炼考生的心理素质。同学们平时就要有意识的培养自己认真仔细、顽强坚韧的品格。有的同学题目难考不好，题目容易还是考不好，这就是心理素质不好的表现。

面对难题，苦思冥想，不得其解，心慌烦躁，知难而退；面对易题，得意忘形，粗心大意，白白丢分，这是同学们最易犯的毛病。其实，若能想到我难人难，我易人易，沉着应战，就能取得理想的成绩。

高考临近，有些考生精神过度紧张，甚至病倒。提醒大家，防止两个极端的做法，一是彻底放松，破坏了长期形成的生物钟，会适得其反；另一个就是挑灯夜战，加班加点，导致考前过度疲劳，临考时打不起精神。

建议考生，休息调整是必要的，但必须得是微调。高考前还要注意饮食的科学性和规律性，不能大吃大喝，宜清淡又要保证全面营养，每天摄入适量的淀粉食物，保证用脑的需要。总之，生活有节奏，一张一弛，保持心态平稳。

考前保持必胜的信心是非常必要的，走进考场要信心百倍，即使遇到困难也不要慌张，因为大家是平等的。另外，进入考场适度紧张是正常的也是必要的，因为它有利于激情地产生，千万不能因此而引起不必要的慌张。只要大家精心准备、充满自信、沉着应战，就一定能笑到最后。

17. 高考英语的复习方法

有关高考英语的复习方法，给大家提供一些经验，希望能对考生有所帮助。

词汇

词汇是组成英语知识大厦的基石，英语词汇量的多少标志着你的英语水平。扩大词汇量的好方法是：把阅读材料中以及练习题的生词和短语全都标出，在字典中查一遍，注上音标、注解和典型用法。

但是，在还有几十天就要高考的情况下，有些同学如果单词还没有过关，这里有个建议。高考复习时的那份高考词汇表，包括了高考要考的所有词汇。在最后阶段，大家可以将词汇表从头到尾背3～4遍。

首先把词汇表过一遍，熟悉和简单的一带而过，重点放在不熟悉的和重要的词汇上。把不熟悉的单词一定用特殊颜色的笔标记下来，然后下次专门反复阅读。而重要的词汇就是你在考试中经常见到，而又一知半解的词汇。这些词汇一定要用字典认真查出，加以记忆。

语法

在复习语法的时候，注意查漏补缺、扫除盲点，认真对待所有的语法题目。在对答案和讲评时，则一定要把错的更正，把知识点记忆一遍。查找自己知识结构中存在的缺陷，扫除知识的盲点。在语法题方面，不妨以配备一本专门的"错题本"，有时间就经常翻看，解决记忆问题。

完形填空

多做练习，做完之后全文读一遍，建立自己的语感，有助于以后的做题。同时，建议大家一边读一边做，能确定的就选择了，不确定的就标记上，暂时不管。第二遍的时候再通过对上下文的理解去分析不确定的选项。这样可以节省时间，而正确率也能有所提高。

阅读理解

阅读题量大、分值高。"得阅读者得天下"，平时要多做阅读，多做限定时间的阅读。做题时先粗看全文，理出文章的"坨"，再看问题，根据问题的特点，再带着问题在文章中找出细节的支持点来。

作文

首先注意的是书写工整。给阅卷老师一个良好的印象，这是你成功的第一步。在下面写好并且记下来开头的一两个句子和结尾的句子，考试时进行改写放上去。

同时，千万不要因追求"花样"句型而出错。宁可用一些朴实的简单句，保证用对即可。最重要的是，一定要把要点写全，不要过分想象。

18. 高考物理的复习方法

准备高考，有三样东西必须要准备，那就是教材、《考试大纲》

和历年高考真题，因为这些既是命题的依据，也是考生复习的主要依据，高考的范围和要求都在这里。做好准备工作之后，我们就要合理安排时间，进行全面复习。一般高考的复习，我们分为三轮：

章节复习

第一轮是章节复习，此轮复习是面向考纲、立足基础、力求全面、达到理解和能够基本应用层次。具体是：

（1）基础知识强化训练

回归课本，重视基础知识和基本技能地强化训练。俗话说：万变不离其宗。高考题再怎么灵活，它都要紧扣课本、围绕考纲来命题。只要我们的基础知识牢靠了，基本技能掌握了，以课本内容为出发点，我们就可以从容面对任何形式的高考！所以，在首轮复习中，我们务必要加强"双基"训练。

要在理解的基础上掌握物理学的基本概念和规律，特别是对于那些自己觉得比较抽象和陌生的知识点，一定要从弄清"为什么要引入相应概念？如何引入？怎样定义？有何含义？有哪些典型的应用？"等几个方面的问题来强化对相关知识点的理解。

就这一点而言，考虑到目前学生的时间和精力的分配问题，我们在一轮复习阶段要多练选择题，因为选择题相比而言涉及的知识点比较单一，对及时巩固相关的知识点很有帮助，而且也不费时间，效率也就比较高。

（2）夯实基础知识

尽管近几年来教材在变，大纲在变，高考也在变，但基本概念、基本规律和基本思路不会变，它们是高考物理考查的主要内容和重点内容，而主干知识又是物理知识体系中的最重要的知识，学好主干知识是学好物理的关键，是提高能力的基础。

在备考复习中，不仅要求记住这些知识的内容，而且还要加强理解，熟练运用，既要"知其然"，又要"知其所以然"。要立足于本学科知识，把握好要求掌握的知识点的内涵和外延，明确知识点之间的内在联系，形成系统的知识网络。新课程知识应用性较强，与素质教育的教改目标更加接近，容易成为命题点。

（3）注重学科思想方法的掌握

学习物理的目的，就是要在掌握知识的同时，领悟其中的科学方法，培养独立思考和仔细审题的习惯和能力。为什么不少学生感到物理课听起来容易，自己做起来难。问题就在于他们没有掌握物理学科科学的研究方法，而是死套公式。

为此，在物理复习过程中要适时地、有机地将科学方法如：理想化、模型法、整体法、隔离法、图象法、逆向思维法、演绎法、归纳法、假设法、排除法、对称法、极端思维法、等效法、类比和迁移法等进行归纳、总结，使之有利于消化吸收，领悟其精髓，从而提高解题能力和解题技巧。

（4）解题技巧的训练和归纳

研究题型，分类归档，注意解题方法和技巧的训练和归纳。高考把能力考查放在首位，就必须对知识点考查的能力要求上不断翻新变化。很多试题对同一知识点的考查，有时是考查理解能力，有时却考查推理能力或分析综合能力，或以新颖的情景或新的设问角度考查同一知识点。

我们在本轮复习中应站在科学的、有效的角度上，研究考试，分析题型，精选例题，组合习题注重一题多解，一题多变的训练，提高以不变应万变的能力。

专题复习

第二轮复习是专题复习，任务是面向考题，重组知识，训练培能，完善体系及抓住主干，研究考题，研究全卷，达到熟练应用层次。

突出重点，精编专题；以点带面，注重能力。即突出高中物理学中的重点知识，以这些知识为核心，结合第一轮复习中学生掌握情况，精心选编专题，并以这些重点知识带动与其相关的其他知识点，把知识点连成网，强调知识间的联系，注重综合分析能力的培养。

综合复习

第三轮复习是综合复习，这一轮的任务是面向考场，整合知识，综合运用，掌握技巧，全面培能及限时训练，科学表述，增强防错能力，适当查缺补漏。侧重点应放在综合运用以前掌握的知识、能力来解决新遇到的问题，即本轮复习的目的是提高应用能力。

整理第一、第二轮复习笔记和做过的题目；做与高考模式相对应的理科综合试卷；做与高考试题相近的往年高考真题；采用目标过关记录，复习要全面到位。

加强审题能力的培养。审题能力是一种综合能力，它包括阅读、理解、分析、综合等多种能力，也包括严肃认真耐心细致的态度等非智力因素。

注意解题的规范化训练。审题是解题的关键，而解题的落点是书写的规范性，表达的完整性，这是提高高考成绩的一种有效途径。

注意合理分配答题时间。平时学生做一份完整的试卷应先易后难，要敢于放弃，拿到该拿的分数。注意合理分配答题时间，要留有一定的时间进行复查。

顺序答题、先易后难、选修题目不难可以提前至压轴难题之前作答；优势先行但仍要慎重；审题和最初的判断非常重要，特别是运动过程分析；选择题宁缺毋滥；当舍则舍。

19. 高考化学的复习方法

在理科综合的科目中，化学的地位至关重要。作为一个理科考生，即便不能凭化学提分、增彩，也绝对不能让化学成为自己的"软肋"。从分值的分布来看，物理 120 分，化学 100 分，生物 80 分，理、化、生满足 6：5：4 的比例；从题目的难易程度来看，化学的难度系数比物理要偏低，也就是说，化学的得分相对于物理来讲要容易些；从题型的设计以及考查知识点的连续性来看，化学学科相对稳定。

综合以上几点，想向同学们传达这样的意思：要让化学成为水桶原理中最长的那块木板，因为化学成绩的高低起着至关重要的作用。换句话讲，化学学科绝对不能成为你的"软肋"。接下来我们就高考化学复习方法对同学们提一些具体的建议，那就是："重基础，重概念，重方法，重规范，重精炼"。

重基础，要烂熟于心

从最近几年高考理科综合的化学试题来看，所考查的知识点均按照高考说明的要求，并没有出现偏题、怪题、难题，考查的大多是平时反复练习的基础知识。

所以，第一阶段的复习，考生更应该明确自己的复习要点，即重视基础知识的复习。对每一单元的基础知识要做到知其然，知其所以然，能够灵活运用，对化学原理的适用条件要进一步明确。化学方程式、物质的常见性质要烂熟于心，只有基础知识掌握熟练了，才能在下一步的复习中如鱼得水，再攀新高。

重概念，彼此区分不混淆

化学学科的特点之一是概念较多，而考查对概念的理解也是高考的热点。所以，通过第一轮的复习，要进一步理解化学中概念的内涵和外延，尤其是容易混淆的概念更要挖掘。

既要理解这些概念之间的联系，更要掌握它们之间的区别。例如：同位素、同素异形体、同系物和同分异构体；共价键、离子键、化学键；无机反应类型和有机反应类型等。

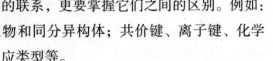

重方法，提高速度和效率

守恒法、查量法、平均法、极限法、图像法、转化法等是化学计算中经常考查的内容。可以这样来理解，高考试题中的计算题，绝大部分是重在考查同学的化学思维，而不是单纯地考查计算能力。

所以，在下一阶段，同学们要经常总结归纳，多尝试用简单、快捷的方法，只有掌握了这些方法，才会大大提高你的解题速度和效率。

重规范，避免无谓失分

有一些考生在平时不注意养成规范的习惯，总想到了高考再注意。殊不知到了高考会更紧张。这种由于不规范引起的失分既普遍存在，同时也是对考生致命的打击。

生化组参加过高考阅卷的老师做了统计，因为不规范而失分的同学大有人在，而且他们中的很多人还是化学基础相当不错的，或是元素符号书写不规范，或是科学术语错误等。而解决这一问题最好的方法就是在平时养成良好的习惯。所以，强烈建议同学务必从现在起就高度重视这一问题。

重精练，莫入茫茫题海

现在的高考理科综合试题由于诸多方面的原因，每题的分值较大，所以题目相对减少，考查的重点已经转向了精准考查。所以，在保证基础知识熟练掌握的前提下，也要进行适当的练习，要精选一部分试题，重点来练习。

练解题思路，练基础知识，练规范表述，练分析能力等，但不要陷入题海战术。避免不加取舍地把全国各地的模拟题统统拿来，一定要经过筛选，选择那些比较经典的题目来练习，切不可一味求多、求新。

1. 电话问题

有一天晚上，一个朋友打电话给尼可，问他一个问题。尼可思考了一下回答说："这个问题我知道，告诉你吧！"

但过了一会儿，另外一个朋友也打电话给尼可，问的也是同样的一个问题，但尼可却回答，你脑袋有问题吗！我怎么会知道呢！

特别说明地是，尼可和这两位朋友之间的关系都很一般，但他也不是在开玩笑。

请问：尼可到底被朋友问了什么样的问题？

2. 水草

一天晚上，王大刚和他女友一块到河边散步。当他们正在河边走的时候，他的女友突然间掉进了河里，王大刚急忙跳到水里去找，可找了好长时间，还是没找到他的女友，他伤心地离开了这里。几年之后，他故地重游；当他再一次走到河边时，看到有个老头在钓鱼，可那个老头钓上来的鱼身上没有水草，他就问那老头为什么鱼身上没有沾到一点水草，那老头说："这河从没有长过水草。"听了老头的话，王大刚突然跳到水里，自杀了。为什么？

3. 谁的年龄大

小英和小红是姐妹俩，有一天，一个路人问她们："你们俩个谁的年龄比较大一些呀？"

小英说："我的年龄比较大。"

小红说："我的年龄比较小。"

她们两个不是双胞胎，而且她们之中至少有一个人在说谎。

请问：她们两个谁的年龄比较大？

4. 商场购物

小涛、小宇、小闯三个人约定周日一起去商场买东西。他们各自买了不同的东西（书包、CD、英语词典、篮球等）。

请根据他们三个人所说的话，推断出谁买了什么东西。其中每个人的话都有一半是真的，一半是假的。

小涛："小宇买的不是篮球，小闯买的不是 CD。"

小宇："小涛买的不是 CD，小闯买的不是英语词典。"

小闯："小涛买的不是书包，小宇买的是英语词典。"

请问：他们三个人各买了哪些东西？

5. 雪地上的脚印

在一个寒冷的冬天，刚下过一场大雪，地上的积雪厚达 *30* 厘米。一个罪犯在自己的家中杀人后，穿过一片小树林，将尸体扛到了邻居一所正在建造中的空房内，转移了杀人现场。然后他又顺着原路回到了家中，并拨通了报警电话，装作若无其事的样子说发现一具尸体，可能是被人杀害了。

警察赶到后，迅速地对现场做了勘查，然后又查看了那个人往返现场时留在雪地上的脚印，便厉声地呵斥道："你在说谎，凶手就是你！"

你知道警察是怎么判断出这个人就是杀人凶手？

6. 亲兄弟

在北京一个大杂院里，分别住着四户人家，并且每家各有两个男孩。在这四对亲兄弟中，哥哥分别是日、月、水、火，弟弟分别是 A、B、C、D。一次，有位过路人看到这几个孩子正在一起玩耍，便上前问道："你们谁和谁是亲兄弟呀？"

他们的回答分别是：

月说："水的弟弟是 D。"

水说："火的弟弟不是 C。"

日说："月的弟弟不是 A。"

火说："他们三个人中，只有 D 的哥哥说了实话。"

火的话是可信的。听完他们的话，过路人想了好半天也没有想出到底谁和谁是亲兄弟，聪明的朋友，你能帮他想一想吗？

7. 录取情况

王兵、张丽、马涛三人被北京大学、清华大学和北京师范大学录取。但是，他们分别被哪个学校录取的，还有很多人不知道，为此，他们的同学作了如下的猜测：

同学 A 猜：王兵被清华大学录取，马涛被北京师范大学录取；

同学 B 猜：王兵被北京师范大学录取，张丽被清华大学录取；

同学 C 猜：王兵被北京大学录取，马涛被清华大学录取；

结果，同学们的猜测各对了一半。

那么，他们的录取情况是

A. 王兵、张丽、马涛分别被北京大学、清华大学和北京师范大学录取；

 B. 王兵、张丽、马涛分别被清华大学、北京师范大学和北京大学录取；

 C. 王兵、张丽、马涛分别被北京师范大学、清华大学和北京大学录取；

 D. 王兵、张丽、马涛分别被北京大学、北京师范大学和清华大学录取；

 E. 王兵、张丽、马涛分别被清华大学、北京大学和北京师范大学录取；

你认为哪个答案是对的？

8. 谁是男性谁是女性

张强夫妇有七个孩子，从老大到老七分别为甲、乙、丙、丁、戊、己、庚。现在，他们兄妹七人的情况如下：

1. 甲有三个妹妹；

2. 乙有一个哥哥；

3. 丙是女的，她有两个妹妹；

4. 丁有两个弟弟；

5. 戊有两个姐姐；

6. 己也是个女的，但她和庚没有妹妹。

根据这些条件，你能推算出他们兄妹七人谁是男性，谁是女性吗？

9. 真正的朋友是谁

玲玲是一个气质高雅、活泼开朗的女孩。所以，在她所在的班上，她是九个同学希望交往的对象，而这九个人中，有一个人是玲玲真正的朋友。以下是这九个人所说的话，假设他们中间有四个人说实话，那么，根据你的推测，谁才是玲玲真正的朋友？

A：我想一定是 G。B：我想不是 G。C：我是玲玲的真正的朋友。D：E 在说谎。E：我想一定是 I。F：不是我也不是 I。G：F 说的是实话。H：C 是玲玲真正的朋友。I：我才是玲玲真正的朋友。

10. 有几个天使

有一天，一个旅行家在深山中行走，突然出现了三个美女，分别为 A、B、C，她们要他判断她们之中有几个天使。可是他实在不知道哪个是天使，哪个是魔鬼。在他的心目中，天使常常说真话，而魔鬼则只会说假话。

A 说："在 B 和 C 之间，至少有一个是天使。"

B 说："在 C 和 A 之间，至少有一个是魔鬼。"

C 说："我告诉你正确的消息吧。"

那么，你能从她们的话中，判断有几个天使吗？

11. 谁在后面，谁在前面

A、B、C、D、E、F 六个人排成一排在进行一项训练。F 没有排在最后，而且他和最后一个人之间还有两个人；E 不是最后一个人；在 A 的前面至少还有四个人，但他没有排在最后；D 没有排在第一位，但他前后至少还有两个人；C 没有排在最前面，也没有排在最后。

请问：他们六个人的前后顺序是怎么排的？

12. 赴宴会

有三对新婚夫妇住在同一幢楼里。一天，他们共同收到了一份请帖，要到西城区参加宴会。但是门外只停着一辆能容纳两人坐的小汽车，而且没有司机。每个丈夫都嫉妒心极强，随时都要保护他美丽的新娘，不让自己的新娘和别的男子在一起。

请问，他们三对夫妇该如何去参加宴会？最少要往返多少次？

13. 如何报案

史密斯先生在皇冠大酒店被一个歹徒挟持了，歹徒逼迫他给家里打电话，说他很好。史密斯先生拿过电话，说了下面一段话：

"亲爱的老婆，您好吗？我是史密斯，昨晚有点不舒服，所以没能和你一起去夜总会，现在好多了，多亏皇冠大酒店经理送我的特效药。亲爱的，你千万不要和我这样的'坏人'生气，我们会永远在一起的，请您一定要原谅我的失约，我的病现在不是好了吗？今晚赶到您家时再向您道歉。可别生我的气呀！那就这样吧，再见！"

可是，大约十分钟过后，正当歹徒准备带走史密斯先生时，警察突然出现在了他们的面前，歹徒不得不举手投降。你知道史密斯先生是怎么报的案吗？

14. 谁送的礼品

在一个乡镇里，有五个爱喝酒的人，并且嗜酒如命。因此，他们每个便得了一个与酒有关的绰号，分别是"威士忌"、"鸡尾酒"、"茅台"、"伏特加"、"白兰地"。圣诞节到了，他们之中的每一个人，都向其他四个人分别送了一瓶酒。其中没有人赠送的是相同的礼品；每一件礼品都是他们中某个人的绰号所表示的酒；没有人赠送或收到的礼品是他自己的绰号所表示的酒。"茅台"先生送给"白兰地"先生的是鸡尾酒；收到白兰地酒的先生把威士忌酒送给了"茅台"先生；其绰号和"鸡尾酒"先生所送的礼品名称相同的先生把自己的礼品送给了"威士忌"先生。

请问："鸡尾酒"先生所收到的礼品是谁送的？

15. 魔力棋牌

在一所偏远的村庄里，有一个人很会玩牌，而且常常能变幻出不同的花样。所以牌到了他的手里，像有了魔力一样，他说是什么就是什么。

有一天，这个村子里来了几位客人，这个人就拿出了做了标记的三张牌。三张牌是这样标记的：正面分别是"√"、"√"、"×"，反面分别是"√"、"×"、"×"。然后对他们说："我能在不看的情况下，从这三张牌中抽出一张，然后放在桌上，正面反面都无所谓。只要让我看一眼朝上的那一面，我就能说出朝下的那一面是什么标记，你们信不信？"对方摇头。于是，这个人又说了："我们打个赌，如果我说对了，你们给我 100 块，如果我说错了，我给你们 200 块。"那几个人认真看了下牌，上面的"√"和"×"各半，并且没有其他的任何标记。于是，纷纷说好。

那么，你觉得这个人有胜算吗？

16. 音乐会上的阴谋

某地要举行一场音乐会，邀请马克先生的徒弟登台演出。可是，直到音乐会开幕的当晚，马克对他的两个得意门生杰克和艾迪谁将首次登台独奏小提琴，仍然犹豫不决。开幕前的 *15* 分钟，马克终于做出了决定，让杰克出场。他将这个消息告知了杰克，让他准备一下，然后又将这个消息告诉了艾迪，看得出，艾迪很失落。

10 分钟之后，马克去通知杰克准备出场。然而，当他推开门的时候，却发现杰克倒毙在了小小的化妆间，头部中弹，血流满地。马克慌忙走向舞台的侧门，将这一惨案报告给了正在值班的尼雷探长。

探长看看时间，开场的时间马上就要到了，就极力劝马克先别声张，让艾迪替他继续演出。然后他们一起走进了艾迪的化妆室，艾迪听到最后让他登台演出，并没有询问理由，也没有表现出过多的惊喜，他拉拉领带，拿起琴和弓，跟着马克一起走出了化妆间。

当听众正在如痴如醉地陶醉在艾迪优美的琴声中时，尼雷探长却拿起电话通知警察前来协助逮捕这位初露头角的小提琴手。

你知道探长是怎么知道艾迪是凶手的吗？

17. 国王出的题

有一个牢房，有 *3* 个犯人（分别设为 a，b，c）关在其中。因为玻璃很厚，所以 *3* 个人只能互相看见，不能听到对方说话的声音。

有一天，国王想了一个办法，给他们每个人头上都戴了一顶帽子，只叫他们知道帽子的颜色不是白的就是黑的，不叫他们知道自己所戴的帽子是什么颜色的。在这种情况下，国王宣布两条规定如下：

1. 谁能看到其他两个犯人戴的都是白帽子，就可以释放谁；

2. 谁知道自己戴的是黑帽子，就释放谁。

其实，国王给他们戴的都是黑帽子。他们因为被绑，看不见自己罢了。于是他们 *3* 个人互相盯着不说话。可是不久，心眼灵的 a 用推理的方法，认定自己戴的是黑帽子。试着推一下，他是怎样知道的？
（微软公司的面试题）

18. 张老师生日是哪一天

张老师有两个学生，分别叫小丽和小云。她们两个都不知道张老师的生日是哪一天，但她们都知道张老师的生日是下面十组中的一天：

3 月 *4* 日、*3* 月 *5* 日、*3* 月 *8* 日；

6 月 *4* 日、*6* 月 *7* 日；

9 月 *1* 日、*9* 月 *5* 日；

12 月 *1* 日、*12* 月 *2* 日、*12* 月 *8* 日；

而且张老师把月份告诉了小丽，把日子告诉了小云。然后张老师问："你们知道我的生日是哪一天吗？"

小丽回答："如果我不知道的话，小云肯定也不知道。"

小云却说："本来我也不知道，但是现在我知道了！"

小丽说："哦！那我也知道了！"

问题是：请根据以上的对话推断出张老师的生日是哪一天？

19. 小明属于哪个家庭

小明今年 *13* 岁，他的父母为他举办了一个小的生日宴会。在这个生日会上，有来自 A、B、C 三个不同的家庭的 *12* 个孩子，当然，也

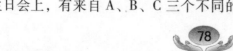

包括小明所在的家庭。在这里的 *13* 个孩子当中，有以下几个特点：

1. 除了小明以外，其余的都不到 *13* 岁；

2. 每个孩子的年龄都各不相同；

3. 在 *1~13* 这 *13* 个数字中，除了某个数字以外，其余的数字都表示某个孩子的年龄；

下面，把每个家庭的孩子的年龄加起来，得出了以下结论：

A 家庭：年龄总数是 *41*，包括一个 *12* 岁的；

B 家庭：年龄总数是 *23*，包括一个 *5* 岁的；

C 家庭：年龄总数是 *21*，包括一个 *4* 岁的；

那么，请问小明属于哪一个家庭？

20. 密码的学问

密码里面含有高深的学问，这里有一种密码只由 A、B、C、D、E 5 个字母组成，而且密码的字母由左至右写成。下面是一系列的条件，而只有完全满足的才能组成密码：

1. 每个密码的文字最短只为两个字母，可以重复；

2. 密码的首个字母不能是 A；

3. 如果一旦 B 字母在某一密码文字中出现，那么，B 这个字母就得在这一密码中出现两次以上；

4. C 不可为最后一个字母，也不可为倒数第二个字母；

5. 如果这个密码文字中有 A，那么一定有 D；

6. 除非这个密码文字中有 B，否则 E 不可能是最后一个字母。

问题是：

A. 如果某一种密码只有字母 A、B、C 可用，且每个字只能用两个字母组成，那么可组成密码文字的总数是几？

79

a. *1*

b. *3*

c. *6*

d. *9*

e. *12*

B. 下面给出的五组密码中，有一组是错误的，但是只要改变字母的顺序，它就可以变成一个密码文字。你知道是哪一组，怎么改吗？

a. BBCDE；

b. BBBAD；

c. CADED；

d. DABCB；

e. ECCBB；

21. 杂技演员

在一艘正在海上航行的轮船上，住了一位叫 Allen 的女工程师。她到甲板上散步不到十分钟，就起了狂风。谁知当她返回房间时，却发现价值 2 万美元的钻石戒指不见了。接到报案的乘警立即对附近的船舱进行搜查。很快搜查到隔壁的客舱，这里有一个自称是杂技演员的人正在写作，他的桌案上放着叠厚厚的稿纸。

乘警问道："请问您几点开始写作的？"

杂技演员回答："我从晚上 7 时一直写到现在。"

这时，警长发现稿纸上的字写得整齐秀丽。他突然大声地说："您说谎！"并命几个警察立刻搜查，搜出赃物。

你知道警长是根据什么断定杂技演员说谎的吗？

人是因思维而降生，所以人一刻也不能停止思维。怎么样，做完这些逻辑思维题，是不是感到有点不可思议，世界上怎么会有这样的问题，是吗？呵呵，不要着急，先看完答案再说。

22. 猜国籍

有一次，吉米去参加一个大的国际型的户外活动。参加这次活动的有来自来于好几个国家的人。现在知道：所有的英国人穿西装；所有的美国人穿休闲服；而没有既穿西装又穿休闲服的人。

那么对于穿休闲服的吉米，你认为下面的判断哪个是正确的呢？

A. 吉米是美国人。

B. 吉米不是美国人。

C. 吉米是英国人。

D. 吉米不是英国人。

23. 满地木屑

在一家大型的马戏团里，有两个侏儒，其中一个侏儒是瞎子，瞎子侏儒比另一个侏儒矮了那么一点儿。有一天，他们的老总告诉他们，因生意比较淡，他们也要裁员，所以，马戏团里的侏儒只能留下一个。而马戏团的侏儒当然是越矮越好了，于是，两个人决定，进行比个子，然后个子高的那个去自杀。可是，那个瞎子侏儒却在两个人约定比个子的前一天晚上自杀了。当人们在他的家里发现他的尸体时，看到他的家里只有木头做的家具和满地的木屑。请问：他为什么要自杀？

24. 夜半敲门

张三一个人住在山顶的小屋里，这个小屋靠近山崖边。一天晚上，他洗漱完毕正准备去睡觉，却突然听到敲门声，于是，他走到门边把门打开，然而却没有看到半个人影，他以为是自己听错了，于是把门关上，继续睡觉。但一会儿，敲门声又响起，再去开门，却仍然没有看到任何人。如此几次下来，整个晚上他也没有睡好觉。

第二天，有人在山脚下发现了尸体一具，报案。几天之后，警察却把山顶的那个人给带走了，你知道是这是为什么吗？

25. 夏日拍不出的照片

2000 年 5 月 7 日中午，日本横滨市内某居民区发生了一起抢劫分行案，在警方的多方面努力下，几天后，终于找到了嫌疑犯。可是此嫌疑犯特别狡猾，不得不请动名侦探金田一耕助协助破案。当金田一耕助问嫌疑犯要他当天不在现场的证明时，他交出一张照片，并说："那天，我去了关岛上日本最有名的三景之一的严景神社。这张照片就是那天请一位也来旅行的女学生给拍的。"金田一耕助看着照片，上面有长着美丽长角的梅花鹿，很多的游客在观看。但抓着一头乱发的他却干脆地说："甭用假照片骗人，这是秋天或冬天拍的。"你知道金田一耕助一看照片就识破了谎言的原因是什么吗？

26. 孪生姐妹

前天，小花和小明一起玩的时候，小花给小明出了一道题。题目是这样的：有一对孪生姐妹，姐姐出生在 2001 年，而妹妹出生在 2000 年。小明想了好几天，怎么也想不出头绪来。于是他问爸爸，小花是不是在撒谎。爸爸听后，笑了起来，说："小花没有撒谎。"于是爸爸对小明说明原因，小明一下子全明白了。

请问：这原因是什么呢？

27. 半根火柴

有几个人结伴行走在沙漠中，突然其中的一个同伴说："你们看，那是什么？"大家随着他的目光看下去，只见是一个头朝下，身子做着奇怪动作的一个人。待大家走上去一看，这人已经没有了气息，死了。在他的身边散落着几个行李箱子，有的都已经开了，露出里面的生活用品和一些吃的东西，而这个人的手里紧紧地抓着的却是半根火柴。他们几个都很想知道这个人是怎么死的，那么你能告诉他们吗？

28. 笨人俱乐部

笨人俱乐部是 1929 年成立的，位于美国堪萨斯州。这个俱乐部办了一所"笨人大学"，请的也是最笨、最没用的人当校长的。一天，这个校长收到了州长赠送的一只重一百四十磅的西瓜。为此，这个大学展开了一个讨论，师生一致认为这个瓜不是西瓜，而是一个"笨瓜"。因为堪萨斯州的西瓜过去最重的只有一百三十四磅。

不久，这个大学又做了一个学术研究，研究的成果之一是：鸡是植物。他们认为，鸡蛋是鸡生的，可以说鸡是"鸡蛋工厂"。而且在英文中，鸡蛋是"egg"；工厂是"plant"，而鸡蛋工厂也就应该是这两个英文单词的合成了，即为："eggplant"。所以，称之鸡蛋工厂的鸡也就应为"eggplant"了。但是，"eggplant"一词在英文中却是"茄子"的意思，而茄子是植物，既然茄子是植物，所以，他们认为鸡也是植物。

请问：西瓜到了"笨人大学"，却被"笨人大学"的师生否认是西瓜；是动物的鸡也被他们根据"eggplant"的词义，让鸡从动物变成了植物。他们的这种推理说明了什么逻辑问题？

29. 张先生的未婚妻

小赵、小钱、小孙、小李和小周五位女士是张先生的好朋友，他们经常在一起聊天。而在这五位女士中，有一位是张先生的未婚妻。下面是这五位女士一些客观条件，根据此来判断哪个才是张先生的未婚妻？

1. 在这五位女士当中，有三位女士小于三十岁，其余两位女士大于三十岁；

2. 其中两位女士是教师，其他三位是秘书；

3. 小赵和小孙属于相同年龄档，小李和小周属于不同的年龄档；

4. 小钱和小周的职业相同，小孙和小李的职业不同；

5. 张先生的未婚妻是一位年龄大于三十岁的教师；

你得出答案了吗？

30. 企鹅肉

男孩、女孩是一对情侣。一天，女孩为男孩做了一道特别的菜——企鹅肉。男孩越吃觉得味道越怪，于是，他向女朋友确认："这是什么菜？真的是企鹅肉吗？"女孩肯定地回答他说是的。男孩径自沉思了起来，任凭女孩怎么叫他……一会儿，只见这个男孩突然痛哭了起来。第二天，就在他的室内发现了他的尸体，男孩自杀了。

请问：这是为什么？

31. 判断血缘关系

尼可是一个可爱的大男孩，一天，他和他妹妹相约在街上一块散步。这时，尼可突然想起他可爱的小外甥，于是，就对他妹妹说："我亲爱的小外甥就在前面那家快餐店里打工，我想去看看他，顺便买些东西给他。"

"哦！我可没有什么外甥可以看。"说完，他妹妹就先走了。

问题是：尼可的妹妹和那位神秘的小外甥是什么关系呢？

32. 小猫的名字叫什么

动物园开课了，在一间教室里，总共有 6 个位置，分为两排。第一排从左到右的三个位置分别用 A、B、C 代替；第二排从左到右的三个位置则分别用 D、E、F 代替。今天来上课的全是长得很相似的小猫咪们，而且他们都有自己的名字哟！那么，你能根据他们所坐着的位置分别叫出他们的名字吗？他们是这样坐的：

1. 咪咪坐在第一排；

2. 花花和球球坐在同一排；

3. 花花在咪咪的左边；

4. 球球所坐的位置的右边或者是 C，或者是 F，而黑黑则是坐在中央位置；

5. 忽忽则是坐在蓝蓝的右侧。

33. 跳火车

从前，有一个人得了重病，跑遍附近的所有医疗点，病情丝毫不见任何起色。

有一天，他的亲戚告诉他，离这里很远的一个地方，有一位很有名的大夫，他是专治这种病的，而且因其高明的医术，很多被他医好的人给他送来的感谢匾挂满了全屋。于是，这个人就坐火车过去了。传闻一点都不假，他的病经过这位有名的大夫的医治真的全好了。他开心地坐上了回来的火车，然而，在火车经过一个隧道时，这个人却跳下火车自杀了。这是为什么呢？

34. 两对三胞胎

A、B、C、D、E 和 F 是两对三胞胎。现在，他们之间有着复杂的关系。而我们所知道的是：在他们六个人中，四个人是男性，而女性只有二人；这两对三胞胎中，没有一对是全为男性，或者全为女性的；其中 A 与 D 已经结为夫妇了，而 B 又是 E 的惟一的兄弟。根据我们的日常生活常识，同胞兄弟姐妹不可以婚配，同性也不可以婚配。那么，你认为，下面哪一对人中，谁和谁不可能是兄弟姐妹关系：

1. A 和 E；

2. C 和 F；

3. D 和 E；

4. D 和 F；

5. F 和 E。

35. 白纸破案

简是一位盲人，但他也是国际上有名的作曲家。他还有一个交往的很好的盲友叫作库尔，音乐家的库尔在简住院的时候经常来看他。

于是，简在病危的时候，请他的妻子拿来笔和纸以及个人签章。然后请库尔来做公证人，立下了一份遗嘱：把简一生的财产里的一半捐给残疾人福利机构。他在床头摸索着，把写好的遗嘱装进信封里并把它亲手密封好，然后再郑重地交给库尔。接过遗嘱的库尔，立即专程送到银行的保险箱里保存起来。

一个星期后，简去世了。在他的葬礼上，库尔拿出这份遗嘱交到残疾人福利机构的代表手中。但是，当这位代表打开信封的时候，却发现竟是一张白纸，没有什么字。库尔简直无法相信，简亲手写的、密封的、自己新手接过并且由银行保管的遗嘱竟成了一张白纸！这时，来参加简的葬礼的尼克探长拿过来看了看，说："这份遗嘱在法律上是有效的！"众人都疑惑地看着他，你知道尼克探长为什么说他有效吗？

36. 猜年龄

这里有张山、李四和王二三个人，只有那些聪明的人才知道他们的年龄。给出了下面的条件：

1. 将张山的年龄数字的位置对调一下，就是李四的年龄；

2. 王二的年龄的两倍是张山与李四两个年龄的差数；

3. 李四的年龄是王二的 *10* 倍；

请问，你知道他们的年龄各是多少吗？

37. 餐馆谋杀案

在一家餐馆里，发生一起谋杀案，医生对死者的尸体进行检查后，说："此人死亡的原因，是有人从最近的距离向他的心脏开了一枪造成的立即死亡。"

　　警察立刻组织调查小组，对此事进行调查。最后发现了三位嫌疑人，分别是 A、B、C，对他们分别问讯的过程中，三人作出了如下的证词：

　　A：死者不是 B 杀的，是自杀的；

　　B：死者不是自杀的，他是 A 杀的；

　　C：死者不是我杀的，他是 B 杀的；

　　后来，经过警察的多方面调查，证实了三人中的话都只有一半是正确的。据此，请说出谁是凶手？

38. 副司机姓什么

　　一列火车在深夜里呼呼地行走着，车上的三位乘客分别根据他们的姓氏叫做老张、老陈和老孙，巧的是，这列火车的司机、副司机、司炉恰好和这三位乘客的姓一样，现在知道：

　　1. 乘客老陈家住天津；

　　2. 乘客老张是位工人，已经参加工作 *20* 年了；

　　3. 副司机家住在北京和天津之间；

　　4. 乘客老孙经常在车上和司炉下棋；

　　5. 这三位乘客中有一个是副司机的隔壁邻居，副司机的这位邻居是位老工人，他的工龄恰好是副司机的三倍；

　　6. 三位乘客中，有一位与副司机同姓的乘客家住北京；

　　根据上面的情况，你能推断副司机姓什么吗？

39. 三兄弟锁橱门

　　张一、张二、张三是三胞胎，爸爸为他们三人做了一个共用的橱柜，然后发给他们三个每人一把锁和开这把锁的钥匙。

有一天，爸爸对他们三人说："我这里有一个条件，如果你们能做到的话，我明天就去买一个小足球给你们踢。而这个条件是：如果你们要踢球的话，只有当三个人都在的时候才能把足球拿出去踢。你们该怎样做才能达到这个条件？"这时，老大张一说了："爸爸，我们只要采取一种锁法，就能符合你提出的条件。"

请问：三兄弟应该怎样锁橱门呢？这种锁法，实际上是运用了什么判断形式？

40. 葬礼的故事

有一个家庭，只有母女三人，这两个女儿从小都没有见过她们的父亲。母亲死了，姐妹俩去参加葬礼，因为她们家在那里也算是有头有脸的人物，所以当时，来参加葬礼的人很多。其中，妹妹看到了一个非常英俊、帅气的男子，并且对他一见倾心。碍于特殊场合，妹妹就下来了。但葬礼结束后，那个男子就不见了，以后妹妹无论怎么找他，都找不到。一个月后，妹妹把姐姐杀了。你知道为什么吗？

41. 今天星期几

爸爸、妈妈都去上班了，几个小朋友在院子里玩耍，突然一个小朋友问：今天是星期几？

小红说："后天是星期三。"

小华说："不对！今天是星期三。"

小江说："哈哈！你们都说错了，明天才是星期三。"

小波说"我可以肯定的是，今天既不是星期一，也不是星期二，更不可能是星期三。"

小明说："昨天我去学舞蹈了，而我是每个星期四才去学的。所以昨天是星期四。"

小芳说："不对！明天才是星期四。"

小美说："你们说了这么多，我知道的是，昨天爸爸、妈妈还去上班了。所以，昨天不是星期六。"

在他们这几个人的说法之中，只有一个人讲对了。那么，今天到底是星期几？

42. 智者的手法

有一天，苏格拉底领着一个青年到智者欧底姆斯那里去请教学问。然而，这个智者为了显示自己的超能本领，于是，就给这个初次见面的青年来了一个下马威。他劈头就向这个青年提出这样的一个问题："你要学习的是已经知道的东西，还是不知道的东西呢？"这个青年肯定地回答了他，"当然学习都是我不知道的东西呀！"从这个问题就引出了智者欧底姆斯对青年了一系列的问题：

"那么你认识字母吗？"

"我当然认识。"

"认识的是所有的字母吗？"

"是的。"

"所以，你跟老师学习字母的时候，你已经认识了它们？"

"是的。"

"那么老师教你的，就是你已认识的啦？"

"是的。"

"或者你并不在学习，只是那些不认识字母的人在学习吧？"

"不，我也在认真的学习。"

"再问一次，如果你认识字母，那你就在学习你已经知道的东西了。"

"是的。"

"那么，可见你最初的回答就不对了。"

青年一愣，终于明白了，心里也对欧底姆佩服的很。于是他承认自己的失败，便甘心拜他为师。

那么请问：欧底姆斯到底是使用什么手法，把这个青年弄得昏头昏脑？

43. 谁杀害了医生

一天，某个小区里的医生被杀，凶手已逃。警察们经过艰苦的侦查之后，终于抓捕了两名疑凶，分别叫做张山和李四。另外再加4名证人正在录口供。

第一个证人吴先生先开口了，他说："张山是清白的。"

第二个证人李小姐说："李四为人光明磊落，而且经常帮助人，所以他不可能犯罪。"

接着，张师傅说了："可以证明的是，前面两位证人的证词中，至少有一个是真的。"

最后一个证人赵太太说："我不知道张师傅有什么企图，为什么说假证词。但我可以肯定的是他说的话确实是假的。"

警察根据他们的证词，进行了详细的调查，结果证实了赵太太说的是真话。那么，请问：到底是谁杀了医生？

44. 被替换的毒药

海瑞夫人和当医生的丈夫感情出了点问题，两人分居后，她就独自一个人生活了。三天前，她感觉有点不舒服，可也一直没在意。这晚，她头痛的难受，浑身又无力。打电话给附近的私人开业的医生，但他们却不出诊，无奈下只好请分居的丈夫前来看病。

"不必担心，是患了流感。先打上一针，今晚睡觉前吃了这药就会马上退烧，再过二三天就会好的。"于是，丈夫给她打了一针，并在回去之前给她留下一个用胶囊装的感冒药。

吃过丈夫留给她的感冒药之后，她就睡了，可是，从此再也醒不来了。第二天，她的尸体被发现，警察在解剖尸体时发现，她的胃中残留有尚未消化的掺有氰酸钾的巧克力。因此，被害人的弟弟以杀人嫌疑被逮捕。因为，一周前，他曾来看过他姐姐，送给了她一盒威士忌酒心巧克力糖。其中，有一块巧克力掺有氰酸钾。而前一段时间，这姐弟俩曾为继承亡父的遗产而闹得不可开交，可见其有杀人动机。然而，其弟坚持自己是无辜的，并求助侦探团重新进行调查。

而接受此案件的侦探团在调查时发现，死者的凶手是内科医生，并且他为了能和年轻的情妇结婚而同妻子离婚。所以，在调查了其在案发当夜不在现场的证据，一针见血的揭穿了医生巧妙的毒杀手段。

请问：该医生使用了什么手段，将被害人吃下去的掺毒的胶囊替换成威士忌酒心巧克力的呢？

人是因思维而降生，所以人一刻也不能停止思维。怎么样，做完这些逻辑思维题，是不是感到有点不可思议，世界上怎么会有这样的问题，是吗？呵呵，不要着急，先看完答案再说。

45. 教书先生的文约

从前，有一个地主想请一位先生教他的小儿子读书。可他十分吝啬，只管饭，不给钱，没有人愿去教书。有位老先生想教训一下这个地主，他就去应聘，双方商定立文约为凭。老先生写了一份没加标点的文约。地主不识字，就让老先生念给他听。老先生读到："无鸡鸭也可，无鱼肉也可，唯青菜豆腐不可少，不得学费。"

一年满了，老先生指责地主不给鸡鸭鱼肉，并讨要学费。双方争执不休，最后打起官司来。最后地主输了官司，不得不给老先生100两银子。

请问：这到底是为什么呢？

46. "爸爸"没叫错

晶晶和亮亮是明明初中时的同学，后来，晶晶和亮亮都当了教师。有一次，晶晶抱着自己的小孩到街上去溜达，走着走着，突然遇到了亮亮。晶晶的孩子亲昵地叫亮亮"爸爸"。亮亮听了，高兴地抱过小孩儿说："我的小宝贝！"真是奇怪！亮亮怎么成了晶晶孩子的爸爸了呢？你认为这可能吗？为什么？

47. "口"字的含义

灰灰和白白打算一同去看望因病住院的老山羊伯伯。

灰灰问白白："咱们星期几去呢？去时给山羊伯伯带些什么吃的东西呢？"

白白没有回答，只是在地上写了一个"口"字。

灰灰想了想，就点头同意了。

请问：灰灰和白白是星期几去的呢？他们带的是什么东西呢？

48. 安全进入湖心岛

有一个圆形的深水湖，它的直径为 300 米。在湖的中心有一个美丽的小岛，岛上有一棵大树，像一把伞一样盖着湖水，使得清澈的湖水更清澈。在湖水边也有一棵大树，使得两棵大树相映成趣。有一个人想到湖中的小岛上去，但他又不会游泳。他随身带了一条长 310 米的尼龙绳，他想进入湖心小岛，怎样才能安全进入呢？

49. 一句识破真面目

在一节拥挤的车厢内，有个乘客突然惊叫说钱包不见了。乘警便将紧靠这个乘客的两个人带到值班室问讯。其中一个人咿咿呀呀比划着，还拿出了残疾人的证件，证件上证明这人是个聋哑人；另一个人也出示了相关证件，证明了他是一名机关干部。从这些情况来看，两个人好像都不是小偷。

乘警灵机一动，只简单而平静地说了一句话，便识破了窃贼的真面目，并在他身上搜出了赃物。

请问：谁是窃贼？乘警说了一句什么话？

50. "困"字与"囚"字

古时候，有一个聪明的小孩儿。有一次，他看见邻居李大爷要砍掉院子里的一棵大树，他不明其意便问道："这棵树长得好好的，您为什么要砍掉它呢？"

李大爷说："你看，这院子方方正正的，里面长一棵树，就好像是个'困'字，这是多么不吉利呀！"

小孩儿听后，就用树枝随手在地上写了一个字，然后说："您看，照您的意思，砍掉这棵树，住在这方正的院子里，不是更不吉利了吗？"

李大爷看了小孩儿写在地上的字，觉得小孩儿的话很有道理，就不再砍树了。

请问：小孩写的是一个什么字？

51. 简单分油

有两个人，到市场上去买油。卖主卖了一桶油，剩下一只空空的油桶，另一桶是满满的油。两个人要买一桶油的一半，但卖主又没有其他度量器。卖主看见两只油桶大小、形状都完全相同，于是想了一个非常简单的办法，就把油平均分配在两只桶内了，让两个买主满意地买走了。

请问：卖主是怎样把油平均分配到两只桶内的呢？

52. 提起冰块

一场大雪，把山野装点得银妆素裹。熊熊一早就起来堆雪人儿、玩冰块儿。在熊熊家的墙角，有一块儿冰块儿，熊熊想把这块儿冰弄去做雪人的写字台。熊熊只有一根长长的线绳，说来也真奇怪，熊熊用这根线绳，没有进行拎、系、捆、扎等，他却用线绳把冰块儿提到墙上了，简直就像要杂技一样。

请问：熊熊是如何把冰块提到墙上的呢？

53. 怎样吊瓶子

明明和老师做实验，老师给了明明一个广口的瓶子和一个完好无损但没充气的气球。老师要求明明除了可以使用瓶子和气球两样东西以外，不允许借助任何其他工具，把这个广口瓶吊离桌面。明明只用了非常简单的办法，便把广口瓶吊离了桌面。

请问：明明是怎样做的呢？

54. 谁偷了戒指

张太太的钻石戒指在早晨梳妆时不见了。张太太非常着急，于是就报了案。警察前来侦查现场。张太太说她的戒指在早上7点钟还在，家里没有任何人来过，只有佳佳的小狗来过。管家扔给小狗一个吃剩的包子。警察听了张太太的汇报，就知道是谁偷的戒指了。

请问：到底是谁偷了戒指呢？

55. 父亲和儿子过河

黑熊叔叔带着胖胖和肥肥去看望生病的爷爷，但他们要经过一条小河。小河里只有一条船，这条船只能载起黑熊叔叔，或者只能载起胖胖和肥肥。一旦超重，小船就有可能沉没。黑熊叔叔想了一个办法，虽然比较麻烦，但还是渡过了小河。

请问：黑熊叔叔采用什么办法渡河的呢？

56. 地球是谁的

动物们常常聚在一起争论地球是属于谁的。小猫说地球是猫科动物的，猴子说地球是灵长类动物的，鱼儿说地球是以水为主体，所以应该属于水生动物。争论来争论去，有的说地球是犬科动物的，有的说地球是鸟类的，等等。众口不一，莫衷一是。这些说法都不正确，你说这是为什么呢？

57. 枪杀事件咋回事

有一天，一名秘密特工混到一列国际列车上伪装潜逃。他为了安全，自己藏在车头里。但是在途中，他却被反间谍的特工枪杀了。

案件发生后，警方经过周密的侦查，认定杀手是在车尾开枪射击的。这到底是怎样枪杀到特工的呢？

58. 枯井的深度

建建带着几个朋友去旅游探险。他们在一个山洞里发现了一口枯井，他们想测量一下枯井的深度。大家把鞋带解下来，把 4 根一样长的鞋带连接起来放到枯井里，鞋带下端碰到井底时，上端露出井口 3 尺；把鞋带折成相等的 5 段放下去，当下端碰到井底时，上端还露出井口 1 尺。

请问：这口枯井到底有多深？

59. 准确称出木料重量

伐木工人砍下一根树木，大概有 100 千克。工人叔叔想称一下这根木料到底有多重，但是没有那么大的秤，只有几把台秤，每个台秤只能称出 30 千克的重量。到底怎样称呢？有人说把木料锯断，又实在可惜。但工人师傅还是想出了一个简单的办法，既没有锯断木头，又准确地称出了木料的重量。

请问：工人叔叔是怎样称的？

60. 巧妙排列杯子

小明把 10 只杯子摆放在桌子上，杯子都一个挨着一个排列着。前面的 5 只杯子装满了水，后面的 5 只杯子空着。小明想只移动其中的 2 只杯子，就能够使空杯和满杯间隔着排列。

请问：到底怎样摆弄杯子呢？

61. 司机是聋子吗

有一天，出租汽车司机陈叔叔送一位女士回家。女士一上车，就啰啰嗦嗦地说个没完没了，严重影响了陈叔叔集中精力开车。陈叔叔感到很不耐烦，但又不好发火或者制止，于是对那个女人说："对不起，你说的是什么我一点儿也听不到。我的耳朵全聋了，助听器今天也坏了。"那女人听后才住了嘴。但她一下车就明白了，原来陈叔叔是装聋的。为什么呢？

62. 猫妈妈买回的是什么

猫妈妈赶集回来，买回来一个精致的盒子。盒子里装着一样东西，小猫们都争着抢先打开看盒子里装的是什么东西。小花猫看了，兴奋地说："呀！妈妈买回来一只小花猫。"小黑猫见了，却说："不对，妈妈买回的是小黑猫。"小白猫连忙跑来看后说："你们都错了，这是一只小白猫。"

这些小猫说得对不对？猫妈妈买回来的到底是什么东西呢？

63. 汽车没有撞伤盲人

有一个盲大爷，拄着一根拐杖，在漆黑的路上小心地行走。迎面来了一辆汽车，盲人当然没有发现，也没有躲避。于是继续迎着车往前走。这天，恰恰没有星星和月亮，汽车也没有开灯，可是汽车不但没有撞伤盲人大爷，还及时刹住了车。司机的视力真好，避免了一场车祸事故的发生。

请问：这到底是怎么一回事？

64. 交回羊又交回钱

从前，有一个狡猾的财主。他向他的仆人交代道："明天你把1000只羊赶到集市上去卖，晚上要把卖得的钱和1000只羊一只不少地交回来。"

这个仆人感到非常为难，如果要交卖羊款，就交不齐1000只羊；如果要交齐1000只羊，卖羊款从哪里来呢？但最后，他还是想出了一个办法。

第二天，仆人把 1000 只羊全部赶到市场上去，在晚上的时候，他果真把 1000 羊和卖出去的款交给了财主，财主自然无话可说了。

请问：仆人想了一个什么办法呢？

65. 利用什么计时间

有一天中午，妈妈做饭，小雪在做作业。饭刚煮上，妈妈因有事就出去了，妈妈出门时吩咐小雪："过 15 分钟，饭就好了，注意关火。"可是家里的钟坏了，又没有表，小雪打开收音机、电视机，但都没有预报时间。这时，小雪想到了利用家电报时的好办法。饭煮好时，小雪按时关了火。

请问：小雪是怎么计时的？

66. 等汽车开过后

妈妈让亮亮去买盐，这是亮亮第一次独自上街办事。妈妈仔细叮嘱："过街时要细心看两边，要等汽车开走后，才可以慢慢地走过去，不要在街上乱跑。"

亮亮记住了妈妈的话，就上街去了。本来只需要 5 分钟的时间，亮亮却去了 20 多分钟还不见回来。

妈妈着急了，连忙出门去找。亮亮却还站在马路边没过去哩！

请问：这到底是什么原因呢？

67. 两人乘小船

在一条荒无人迹的小河边，停着一只很小很小的船，这只小船只能承载一个人，要是稍微超重，就有可能沉没。有两个生意人，他们同时来到小河边，都要到对岸去做生意。这两个生意人都乘坐这只小船过了河，小船依然停靠在小河边。

请问：这两个生意人是怎么过河的。

68. 儿子与爸爸的分别

有一天，张老师正在办公室写数学论文，小灵突然敲门走了进来说："张老师，外面有两位同志找您。"张老师一脸疑惑地问："是谁找我呢？"小灵眨眨眼调皮地说，"一个是您儿子的爸爸，另一个是您爸爸的儿子。"张老师一听笑了说："你真会耍嘴皮子。"

请问：来的两个人是李老师的什么人呢？

69. 谁的儿子被摔伤

星期天，爸爸带着儿子去溜冰。溜冰真好玩，可是冰面很滑，儿子还不熟悉，重重地摔倒在坚硬的冰面上，把胳膊肘给摔破了，爸爸只好把儿子送到医院。

看病的医生埋怨爸爸，不应该把医生的儿子摔得伤痕累累，爸爸一句话都说不出来，只好低头赔罪，医生才原谅了爸爸，赶忙给儿子医治。

请问：这到底是怎么一回事呢？

70. 小飞学轻功

小飞看武打片着了迷。他看到那些侠客会轻功，能跳上三四米高

101

的墙，小飞就想学轻功跳墙，他准备到他家后院的围墙边去练习。他量了一下围墙，大概 *4* 米高。他想，自己功夫不高，大侠们一下就跳上去了，他可以分 *4* 次跳，每次跳 *1* 米高，当功夫练好了，就会像大侠们那样一下就跳上墙去。小飞信心百倍地向后院围墙跑去。

请问：小明要跳几次才能跳上围墙？

71. 一天黑几次

小晶晶望着太阳东升西落，总是感到非常好奇，就缠着老爷爷给他讲太阳为什么要升起和落下。老爷爷说："太阳升起一次和落下一次，天就亮一次黑一次，这就是一天。"小晶晶真想打破砂锅问到底，就问老爷爷："有没有一天里天黑两次的呢？"老爷爷想了想说："有！"小晶晶问："那是哪一天呢？

你能替老爷爷回答小晶晶吗？

72. 为何锁不见了

小余和女朋友约好了晚上 *8* 点到星星电影院看电影。可是，小余临时有事，过了一会儿才来，等他飞车赶到电影院时，电影就要开演了，小余赶紧锁好防盗锁，拉着女朋友匆匆忙忙地步入电影院。

看完电影出来，小余找到了他的车子，车子还在，可是锁却不见了。只有丢了钥匙的，怎么会有丢锁的呢？这到底是什么原因呢？

73. 狮子和猎豹赛跑

在一片大森林里，住着狮子和猎豹。有一天，狮子和猎豹进行百米赛跑。在第一轮比赛时，狮子和猎豹从同一起跑线起跑，狮子跑到终点 100 米时，猎豹只跑到了 90 米。在第二轮比赛时，狮子从起点退后了 10 米才起跑。

请问：狮子和猎豹谁先到达终点呢？

74. 不花钱邮信

"小马哈"的叔叔在上海工作，他非常想念叔叔，于是他就给叔叔写了一封信，向叔叔报告了他期末考试的成绩。但他在写信封时太粗心大意了，把收信人和寄信人的地址写反了，结果信又寄回到了自己家中。"小马哈"却想出了一个办法，他没有花一分钱，又把信投进了邮箱，结果叔叔收到了他的信。

请问：这是为什么呢？

75. 小花猫偷鱼吃

丁丁的妈妈在桌上放着一盘油炸的鱼，等着丁丁放学回来吃。丁丁的妈妈忙于上班，就把小花猫拴在桌子腿上，以防老鼠偷吃炸鱼。但同时也要防止小花猫偷吃炸鱼，所以丁丁的妈妈把绳子拴得很短，小花猫即使伸出两只前爪也抓不到炸鱼，总是差那么一点点距离。小花猫望着香喷喷的炸鱼，馋得呜呜直叫。丁丁的妈妈刚一走，小花猫就想了一个办法，偷吃到了炸鱼。

请问：小花猫想到什么办法偷吃炸鱼的？

76. 人和猴分吃苹果

有次发生洪灾，人和猴都到山顶避水。洪水把人和猴子围困在山

103

顶，几天几夜，都没有吃东西。一天，有个人在水中捞到了一个苹果，猴也从水中捞到了一个苹果。男人把苹果让给女人，女人把苹果让给老人，老人最后把苹果让给小孩。

请问：猴是怎样吃那苹果的呢？

77. 小店铺挂奇招牌

从前，有一个人在十字路口开了一个小店铺。为了揽生意，店主在铺前挂了一块很大的招牌，上面写道：

月挂半边天，嫦娥伴子眠，

酉时天下雨，读书不必言。

从挂出招牌那天起，店里客人来来往往，生意十分兴隆。

请问：这家小店经营的是什么生意？

78. 鹦鹉咳嗽不止

"咳咳咳……"几天来，鹦鹉不断咳嗽，吵得小猫睡不着。有一次有只老鼠刚爬出洞，小猫正想扑上去时，却被鹦鹉一声咳嗽把老鼠吓得回洞了。小猫非常气愤，但又不好生气，因为鹦鹉是主人的宠物。小猫就对鹦鹉说："鹦鹉小姐，你感冒了吗？""没有。""是不是支气管发炎呢？""不是。""那你为什么老是咳嗽呢？"鹦鹉就回答了小猫，小猫却无话可说了。

请问：鹦鹉是怎样回答的呢？

79. 小偷没有脚印

有一天晚上，海边的一幢别墅遇盗，小偷偷走了许多珍贵财物。

从现场看来，小偷是从打开的窗户逃走的，从窗户下面到海边沙滩，留下了小偷清晰的脚印，但到了沙滩的中部便突然消失了。

你知道小偷是怎么逃走的吗？

80. 年轻猎人捕熊

有个年轻猎人向老猎人请教怎样才能捕到黑熊。老猎人说："我打猎时，要是找到一个山洞，就闪在洞口旁，先向里面扔石头，再冲着里面'呜呜'地喊，如果里面的回声也是'呜呜'，那里面一定有熊。于是，我便对着洞里射击，这样才能捕到黑熊。"年轻猎人高兴地走了。

没过几天，年轻猎人不但没有捕到黑熊，反在捕熊时受了重伤。

请问：这到底为什么呢？

81. 摘什么果子

李爷爷看守着果园，孩子们在果园边转来转去，一个个馋得直流口水。李爷爷对孩子们说："我给你们写张纸条，如果你们猜到是什么果子，你们就可以进园子摘。"说着，李爷爷递了一张纸条给孩子们。纸条上写着：

青果果，圆溜溜，咬一口，皱眉头；叶子绿油油，开花红彤彤，儿子数不清，结果像灯笼；弯弯树上弯弯藤，藤上挂着水晶铃。"孩子们你一言我一语，一个个都猜中了。李爷爷只好叫孩子们自己去摘果子吃。

请问：李爷爷说的是一些什么果子？

82. 老师说什么

学校在操场边栽了一排嫩绿的小树。幼儿园的男孩非常调皮，总是使劲地摇晃着小树。学校领导看见就去制止，但孩子们还是不听。

幼儿园的张老师看到孩子们摇小树，就走到树前，什么也不说，把耳朵紧紧贴在树干上，像是在倾听什么。

几个孩子看见都感到非常好奇，就问张老师在听什么。张老师说了一句话，这些孩子就不再摇晃小树了。

请问：张老师说了句什么话呢？

83. 波勃的船变没变

大力水手波勃的金手表掉进大海里面去了。他决定乘上他那艘带梯子的船去海里打捞。现在船已经行驶在大海上了，梯子两级之间的距离是1尺，海水现在淹没的正好是最下面的两个阶梯，到了傍晚，涨潮了，每小时上升1尺，此时是傍晚5点，波勃有点担心了。

波勃担心的是，到了晚上8点的时候，海水会不会淹没到船舱里。你认为呢？海水会淹没几个阶梯级？

84. 盲人买到黑罐子

有一个盲人想买个黑罐子。他拄着拐杖走了十几里山路才走到集市里，他走得很不容易。有个好心人带他到陶瓷市场，然后就走了。盲人问一个摊主："你这里有黑罐子卖吗？"那个摊主是个没良心的人，他冷冷地说："有，我这里有黑白两种罐子，要是你只用一次就摸对了黑罐子，我就送给你；要是你摸错了，你要赔一个黑罐子的钱给我，怎么样？"盲人是个有骨气的人，他不怕那个摊主。

聪明的盲人一下子就摸对了黑罐子。那个摊主难过极了。

你知道盲人是怎么摸对的吗？

85. 岳飞写了什么字

南宋初年，金兵经常骚扰中原地区，那个时候岳飞还只是一个名不经传的将军。有次金兵送来了一份战书给南宋皇帝，战书里面只写了4个字"天心取米"。金兵当着南宋文武百官的面说："我国皇帝要你们南宋王国进贡。如果谁能答复这4个字，我国皇帝可以考虑不发兵攻南宋。"岳飞大喝一声："我来答复。"岳飞拿起笔在"天心取米"4个字上各添了一笔。金兵赶忙送回金国让金国皇帝看。金国皇帝一看就再也不敢提攻打南宋了。

你知道岳飞是怎样修改那4个字的吗？

86. 孙悟空和如来佛斗法

孙悟空总是忘不了如来佛把他压在五指山500年的旧仇。取完经后，孙悟空又要和如来佛斗法。如来佛说："我只要画一个圆圈就能打败你。"孙悟空不信。如来佛说："我画一个圆圈如果你有本事跳出去，你就胜利，怎么样？"孙悟空答应了。如来佛圆圈一画完，孙悟空只得再次认输。

你知道这是怎么一回事吗？

87. 唐伯虎骂王爷

江南才子唐伯虎喜欢过自由自在的生活，他最瞧不起故作风雅的达官贵人。有一次，朝廷里的八王爷写了一篇文章要唐伯虎评论一番。唐伯虎一看文章写得狗屁都不是，马上写了两句唐诗作为评论："两个黄鹂鸣翠柳，一行白鹭上青天。"那个八王爷以为称赞他的文章写得好，于是满朝廷炫耀。有个大学士一看评语，马上告诉他这不是称赞他文章写得好，而是讽刺他。

那个八王爷一看，仔细一推敲，果然是讽刺他。

你知道唐伯虎是如何讽刺八王爷的吗？

88. 包公追查马鞍案

有个卖马的人丢了一匹千里马。马主立即向包公报了案。包公立即查办这个案子。那个偷马的人得知是包公亲自办案，害怕了，就把千里马趁着夜色渐黑偷偷放回，但是却扣下了那个金马鞍。马主仍然很着急。包公说："别担心，明天就帮你找回金马鞍。"果然，包公第二天就查回了金马鞍，并捉拿住了偷马的人。

你知道包公是怎么破案的吗？

89. 小孩考孔子的怪问题

大学问家孔子乘坐大马车周游列国。有一次他来到一个小国，他以为这个国家没有学问高深的人，于是他没有在这个国家停下来作学问。刚走出城门的时候，有一个小孩拿着一根钓竿拦住了孔子。小孩要考孔子，孔子答应了。小孩问孔子："什么水没有鱼？什么火没有烟？什么树没有叶？什么花没有枝？"孔子说："江河湖海，什么水里都有鱼；不管柴草灯烛，什么火都有烟；至于植物，没有叶不能成树，没有枝难于开花。"

小孩笑孔子答错了。他说出了四物。

你猜到了吗？

90. 李白考杜甫三个字

唐代大诗人李白、杜甫又在酒楼里相会了。李白边喝边对杜甫说："我最近写了 100 首诗，在写诗的过程中我发现有 3 个字十分有趣。"杜甫就问："有趣在什么地方？"李白说："站着是一个字，躺下是另一个字，趴下又是一个字。你猜这 3 个字是什么？"

杜甫是文字高手，他当然猜出来了。

你猜得出来吗？

91. 放火烧房子

在一个十分酷热的夏日，小东东家的房子突然着了起来。火烧起来的时候，小东东家里没有人。警察怀疑是有人故意纵火烧房。但警长韩东没有马上表态，他仔细检查了现场，发现窗边的桌子上有一只装满了水的玻璃瓶。警长韩东看了好一会儿，他终于发现了房子为什么会烧起的原因。

你发现了吗？

92. 这幅画怎么画

有一个穷书生靠卖画为生，每天他都在大街口为别人临场作画出售。有一个财主很坏，他给了穷书生一张50厘米的白纸，却要求穷书生画一幅1米高的人物图像。穷书生想了想，马上就画出来了。坏财主不得不出高价买下了那幅画。

你知道穷书生是怎么画的吗？

93. 哪个得了铜牌

韩东、朱文和丁当3人之间举行了棒球、乒乓球、射击比赛。3个人每个人都得了一块金牌、银牌、铜牌。韩东是射击的金牌得主，朱文是乒乓球的银牌得主。

请问：棒球铜牌得主是谁？

94. 谁打碎了玻璃

韩东、朱文、丁当、于坚4个中学生在大院子里踢足球。有一个中学生一不小心把球踢到了二楼的牛叔家去了，打碎了牛叔家的玻璃。牛叔问他们4个人是谁干的。韩东说是朱文干的，朱文说是于坚干的，丁当说于坚没干，于坚说朱文在撒谎。

他们4个当中，有3个说了假话。你知道是谁干的吗？

95. 唐伯虎画画

明朝大画家唐伯虎画的画价格卖得很高。他的好朋友祝枝山想请唐伯虎画一幅好画送给他去卖。唐伯虎给了祝枝山一卷画轴。祝枝山打开一看，生气地说："你画的是什么呢？"唐伯虎说："画的是牛正在吃草啊！"祝枝山问："草呢？"唐伯虎说："被牛吃光了。"祝枝山追问："牛呢？"唐伯虎说："找草吃去了！"祝枝山哭笑不得。

你知道唐伯虎画了些什么吗？

96. 神箭将军数老鹰

神箭将军一直想射几只老鹰来解口馋。他外出打猎来到了一片树林，在一棵大树上他发现有5只老鹰停在树上。他正要拉弓射箭，这时飞走了2只，但马上又飞来了1只。可是神箭将军不管怎么数，树上都只有3只老鹰。

这是怎么一回事呢？

97. 学习委员考试不及格

初三（1）班的学习委员丁当的数学成绩一直是班上第一。第二天就是期中考试，丁当把数学作业本复习得非常全面。虽然他如此用功，但是第二天考试还是没有及格。

你知道这是怎么一回事吗？

98. 母女买衣服

冬天来了，天气开始冷了起来，于是有人开始为自己添置衣服。两个母亲和两个女儿到街上买衣服，每人各买了一件。但是为什么合起来却只有3件呢？

99. 随便一枪都打中

中学生韩东觉得射击很好玩，于是他到射击场去射击。靶子就放在他的前面，他站在一个固定的地方，他向左边随便开了一枪，又向右边随便开了一枪，都打中了靶子。

请问你知道这是为什么吗？

100. 没有一个人受伤

有一架载有100人的客机因遇故障，从高空坠到地面，但是没有一个人受伤。

你知道这是为什么吗？

101. 乒乓球躲到哪里

在一间房子里，有一个大铁球和一个乒乓球。大铁球又重又硬，乒乓球又轻又脆，大铁球总是瞧不起小小的乒乓球，心想乒乓球有什么资格与它并排在一起，于是寻找机会总想压碎乒乓球。大铁球轰轰地滚着向乒乓球撞去，大铁球砰地撞了一声，被撞出一个大青包，愣头愣脑不知道东南西北了。

请问，小小乒乓球躲到哪里去了？

102. 小白兔分萝卜

小灰兔和小黑兔同时在野地里发现了一棵又长又圆的大萝卜，两只小兔都馋得直咽嘴，但不知道怎样才能平均分吃大萝卜。小灰兔说把萝卜折成两截，小黑兔说吃细的那头要吃亏，不如把萝卜从中剖成两瓣，小灰兔却说很难保证切萝卜不偏不倚。两只小兔都不知道怎样分吃大萝卜。一只小白兔走来，说："这很好办，用一根细绳系住萝卜，再提着细绳，只要萝卜两头平衡，就沿着系绳处切断，两截的重量一定相等。"两只小兔想了想说："也分不均匀。"为什么？

103. 老黄牛吃亏

老黄牛向山羊借了一升大豆，不久又借了一升芝麻，老黄牛向山羊说秋收后一起还。老黄牛秋收非常忙，把黄豆与芝麻装在了一起，用来还山羊。山羊说："黄牛大哥，你真是憨厚老实，这样还我难道你不吃亏吗？"山羊为什么这样说呢？

104. 谁被雷击中

有两个农民在田里辛勤劳动，其中一个农民举着铁锄不断翻地，另一个农民在挑水浇菜。突然电闪雷鸣，哗哗地下起了阵雨，两个农民都被雷电击倒了。其中有一个农民不幸身亡了，到底是哪一个农民？为什么？

105. 丸石赶走侵略者

明明家门前有一株树，树上有一个很大的喜鹊窝。有一天，两只喜鹊在树上扑来扑去地又啄又打，相互争夺那个圆圆的鸟窝。两只喜鹊打得毛飞血溅，喳喳地吵个不停。明明急了，真想赶走那个可恶的强盗掠夺者，但到底哪一只喜鹊是那个窝的主人呢？明明向树上投去一个小石丸，他一下就知道谁是侵略者谁是主人了。这是什么原因呢？

106. 字迹怎么消失了

亮亮的书桌上放着两盏台灯，一只是绿灯泡，一只是红灯泡。有一天放学回家，亮亮用绿铅笔在白纸上写道："弟弟，今晚8点到姥姥家来，我和妈妈在姥姥家等你。"8点过去了，亮亮的弟弟还是没有到姥姥家，亮亮只好回家去看弟弟。亮亮回家时却看见弟弟坐在绿灯下看书，他按亮红灯问弟弟看见纸条了吗？弟弟拿起纸条却说："真奇怪，刚才纸条上没有字呀！"弟弟为什么看不见纸条上的字？

107. 倒立水杯

爸爸端着水杯闲着没事，想逗小明开开心。他对小明说："我可以把装满水的杯子口朝下拿在手里，不用瓶盖，水却一点都流不出来，你能不能这样做呢？"小明愣了一下，挠了挠脑袋，狡猾地说："我完全可以。"小明抢过爸爸手中的水杯，顺手就把水杯倒立着了，不仅没有用瓶盖，而且还没用手拿杯子。爸爸笑哈哈地说："你真是高明。"小明说："我不是高明，我是小明。"引得爸爸和小明都哈哈大笑了。你知道小明是怎样倒立水杯的吗？

108. 怎样放糖盒

妈妈给小青买了一盒巧克力糖。有机玻璃的巧克力盒是扁圆形的，显得非常精致。在透明的盒子上，印有两只十分可爱的小白兔，小白兔咂着三瓣嘴，好像要跟小青说什么。小青想把糖盒放在桌子上做装饰品，但盒子是圆的，总要滚动，盒盖上的小白兔怎么都站不起来。小青最后想了一个办法，使盒子端端正正地立在桌子上了，并且小白兔还向小青撅嘴呢！请问小青是怎样将糖盒放正的？

109. 小狗哪里去了

晶晶的姥姥养了一只哈巴狗，哈巴狗生了几只小崽。有只小狗崽生着金色的绒毛，显得十分可爱，晶晶非常喜欢，姥姥就把这只金色小狗送给了晶晶。

晶晶给小狗好吃的，给它洗澡、梳毛，还陪它一起玩。3 个月过去了，晶晶感到非常快乐。一天，姥姥到晶晶家作客，一来就叫晶晶："快把小狗抱来我看看。"晶晶却说："小狗不见啦！"

姥姥说："你在骗姥姥吧，小狗怎么会不见呢？"你猜晶晶是怎么回答姥姥的呢？

110. 货车开进城门

货车司机装着满满一车货物往城里运，当车开到城门时，由于货物装得比较高，货车难以顺利通过城门，货物顶住了城门顶部。虽然只顶住了一指宽，但货车还是开不进去，汽车司机准备把货物卸一些再往城里开车。这时，小智刚好路过，看到司机非常为难，就为货车司机出了一个主意。货车司机不费吹灰之力，就把货车顺利地开进了城门。请问，小智给司机出的是什么主意？

111. 又被抓住

一个正被公安局追捕的凶恶要犯，逃窜到一家美容厅，威逼化妆师给他整容化妆，化妆师只好把这个要犯化妆成一个面目可恶的家伙。要犯对着镜子看自己，觉得自己大变了样，从此再也没人知道他是罪犯了，他于是洋洋得意地在大街上走着，以为警察认不出他了。可是，要犯很快又被警察抓住了。这是什么原因呢？

112. 司机"撞"入人群

在一条街道的十字路口，立着一块大牌子，牌子上明明写着，有步行者横过街道时，车辆就应停下来等待行人先走。有一个司机不遵守交通规则，当交叉路口还有很多人横过马路时，他却撞进了人群，而且全速前进，旁若无人。司机这样横冲直撞，被交通警察看见了，但警察并没有管。这到底为什么？

113. 狼拿小山羊没办法

很多小朋友都知道狼和小山羊的故事。却说那只凶恶的狼寻找种种借口在小溪边吃掉了小山羊后，又向前走去，希望再找到一只小山羊吃。一只小山羊在溪水那边正要过河来，而狼正要过河去。河上只有一座独木桥。狼过桥时仿佛没看到小山羊，小山羊过桥时也一点不惊不慌地哼着小曲。狼和小山羊都顺利通过了小桥，到了对岸。为什么凶恶的狼没吃小山羊呢？小山羊为什么一点也不惊慌？

114. 捎来的奇怪信

一位农妇是目不识丁的文盲，他的丈夫长期在外打工，她非常想念她的丈夫，但是又不会写信。她想了一个办法写了一封奇怪的信，托人捎给她的丈夫。她丈夫拆开信一看，满页纸都画着排列整齐的乌龟，最后还画着一只竖着的大乌龟。当时她的丈夫很不理解，还以为老婆骂他是乌龟呢。过了几天，他才恍然大悟，卷起铺盖，回老家去了。这位农妇画着满纸的乌龟到底是什么意思？

115. 巧加标点

李元度曾是江南大才子。有一个地主生了一个儿子，就请李元度作一副对联，以示庆祝喜得贵子。这个地主平时敲诈盘剥老百姓，很是可恶，李元度决定捉弄他，于是作了一副对联：今年真好晦气全无财富进门；昨夜生下妖魔不是好子好孙。地主一看，顿时大怒，当场就要教训李元度。李元度却说："你真是有眼无珠，这本是一幅吉联！"他只在对联上打了几个标点，地主一看心中大喜，赏了李元度好些银两，连说"好文才、好文才"。

你知道李元度是怎样加标点的吗？

116. 两人过独木桥

有一条小河哗哗地流着水，河上有座独木桥。从南边来了一个人推着独轮车子，上面装满了柴火；到北边去的一个人，挑着两捆苇子。两人走得都匆匆忙忙的，都要同时通过独木桥。可是两人在桥上并没

117

有争吵，也没有推攘，就顺顺利利地过了桥。

请问，他们是怎么过的桥？

117. 谁说真话

4个孩子在院子中玩足球。有一个孩子使劲一脚把足球踢到了二层的阳台，打碎了吴叔叔的窗玻璃。吴叔叔走下楼责问是谁干的。甲说是乙踢的，乙说是丁干的，丙说他没干，丁说乙在撒谎。他们4人中，只有一个人说了实话。那么，究竟是谁干的呢？吴叔叔拍了拍脑袋，指着一个孩子说："一定是你干的。"吴叔叔指的是谁呢？

118. 小星被冲走

小星跟着爸爸到海边去游泳，突然一个大浪把小星冲了很远，爸爸在匆忙中向小星扔去一个缠着几圈绳子的救生圈。小星抓住了救生圈上的绳子，但小星却被海浪冲走了。爸爸将小星救了上来，感到非常奇怪，救生圈上只有一根绕了几圈的绳子，小星抓住了绳子的两头，绳子没有断，救生圈没有破，小星为什么被冲走呢？

119. 不给老人让座

小燕是班上的三好学生，扶老人过马路、在公共汽车上给老人让座等助人为乐是经常的事。有一次，小燕在车站等公共汽车，车来了，一位白发苍苍的老人也准备上车，小燕赶紧走过去扶老人上车，但上车后，她没有给老人让座，却一下坐在了凳子上。小燕今天为什么不让座呢？

120. 满足每人的吃喝

甲、乙、丙3人一起到快餐店吃饭，服务员小姐问："各位要点什么呢？"

甲平时爱开玩笑，他给服务员小姐出了道难题，他说："两个人喝可乐，两个人吃汉堡，不吃汉堡的不喝水，不喝水的也不喝可乐。"

服务员小姐略一思索，便按要求将东西准确地放在他们面前了。甲、乙、丙3人各吃什么？各喝了什么？

121. 小铁嘴遇到顺口溜

"小铁嘴"到果店买水果，他听说有位售货员阿姨外号叫"顺口溜"，觉得非常有趣。"小铁嘴"决定试试"顺口溜"。他便说："我买四样东西，一个有肉无骨，一个有骨无肉，一个肉包骨头，一个骨头包肉。"

"顺口溜"阿姨笑着表示她已明白是些什么东西了，她又问"小铁嘴"每一样想买多少。

"小铁嘴"说："一两半，二两半，三两半，四两半，再加八两请你算。"

"顺口溜"一下口算出来，如数称给了"小铁嘴"。"小铁嘴"感到"顺口溜"非常聪明，但不一定会说，就问她需要多少钱。

"顺口溜"说："一二三，三二一，一二三四五六七，七加八，八加七，加九加十加十一，还要乘以二点七。"

"小铁嘴"大开眼界，心算了一下如数给钱。两人相视笑了起来。

请问："小铁嘴"买了哪些果品，每样各买了多少，一共付了多少钱？

122. 刘、关、张爬枣树

相传刘备、张飞和关羽相见时，三人志同道合，决定结为兄弟，共谋大业。但是三人年龄都差不多，没办法决定排列顺序。张飞乘着酒兴指着一棵枣树说："干脆我们比赛爬枣树，最先爬到树顶的为大哥，爬到中间者为二哥，最后者为老弟。"刘备、关羽都同意了。

三人开始爬树。张飞性急，一下爬到了树顶，关羽爬到树中，刘备落在树后了。张飞满以为自己必当大哥，没想到刘备不同意，并说出了自己的观点，令张飞心服口服，结果刘备成了大哥。

请问：刘备说的是什么道理呢？

123. 地球照不到太阳

小星总是望着天空数着星星，但他怎么也数不清。他就常常要爸爸给他讲有关星星的问题。爸爸看见小星对天文知识很感兴趣，就带着小星去参观天文台。天文台的模拟宇宙和天文望远镜让小星增长了许多天文知识，但小星还是对神秘的宇宙似懂非懂，一心想搞清宇宙的秘密。小星问爸爸："地球表面哪边照不到太阳？"你猜他爸爸是怎样回答的？

124. 鸟儿哪里去了

几只小鸟在树上飞来飞去，叽叽喳喳地叫个不停。有一个猎人向树上的小鸟砰地开了一枪。猎人跑到树下面，发现没有打中一只小鸟，但树上一只小鸟也没有了。请问树上的小鸟哪儿去了？

125. 10 盆鲜花摆满屋

五年级乙班组织召开元旦庆祝会。文艺委员丽丽借来 10 盆盛开的鲜花，但老师说每面墙至少要放 3 盆鲜花，可丽丽再也找不到鲜花了。她想，四面墙如果都要放花的话，那么一共要放 12 盆花才行。这可把丽丽急坏了，幸好班上的文文想了一个办法才解决了问题。你知道文文想的是什么办法吗？

126. 两只耳朵都用了

上课时，小刘总是不专心，东瞧瞧西望望的，老师要小刘站起来回答问题，他怎么也回答不上来，只好红着脸站着，老师批评他，他还跟老师顶嘴。老师气得拧着他的耳朵问："你长着两只耳朵干啥用呢？"

你猜：小刘是如何回答的？

127. 招聘考试的奇怪题目

某公司要招聘两名财会人员。招聘广告贴出的第一天，就有 30 多人报名。招聘考试分初试和复试。在复试中，那些答得头头是道的一个个被淘汰了，唯有两名在答卷上写了"还没想过"和"不敢想"的人被录取了。

试问这是为什么？

128. 智取王冠

古时候，有一位国王为了考大臣们的智力，在皇宫中放了一块很大的地毯，地毯正中有一顶金光闪闪的王冠。国王宣布，谁能不踏上地毯就能拿到王冠，就封为宰相，当然不准用其他任何工具，只能用手。

大臣们都争先恐后地伸手去拿王冠，但怎么也够不着，许多人还摔倒在地毯上，出尽洋相。这时，有一个大臣，他没有踏着地毯，却走到了王冠跟前，双手抱着了王冠。于是，这个大臣当上了宰相。

试问：这个大臣是怎么拿到王冠的？

129. 船上卸西瓜被摔碎

张叔叔装了满满一船西瓜，准备运到河对岸的城里去卖。张叔叔为了赶时间，船还没有靠岸，缆绳还没系，就开始卸西瓜。张叔叔站在船尾把一个西瓜扔给岸上的王叔叔，王叔叔伸手就接着了西瓜。当张叔叔扔第二个西瓜时，王叔叔伸手却没有接着西瓜，西瓜掉在石卵上摔得粉碎。难道王叔叔接西瓜的技术不高明吗？

130. 蚊子搞沉大型油轮

一艘大型油轮在太平洋上航行，当油轮航行到一个海湾时，黑压压的大片蚊子扑向油轮。甲板上黑乎乎的一层蚊子嗡嗡叫着，声音超过了油轮的轰鸣声。船员们千方百计驱赶这群蚊子，但总是难以凑效。最后，巨大的油轮被小小的蚊子搞沉了。

你知道这是什么原因吗？

131. 最佳答案

为了增强文物保护能力，法国做了一次民意调查，在一家报纸出了一道题："假如最大的博物馆卢浮宫失火了，在危急情况下只能抢出一幅画，你会抢哪一幅呢？"

答卷有千百万份，法国著名剧作家贝尔纳的答案却被评为最佳答案。

你知道贝尔纳是怎样回答的吗？

132. 睡着和醒着

小晶晶与妈妈一起睡觉，他总是睡不着，缠着妈妈讲故事。妈妈说："每天晚上都讲故事，故事都讲完了，妈妈就给你出个思考题吧！"小晶晶点着头说："好好好，我就喜欢思考题。"妈妈说："你认真想一想，从你出生到现在，你睡着的次数和醒来的次数哪个多一些？多多少次？"小晶晶想着想着，就迷糊糊地睡着了。小朋友，请你替小晶晶回答这个问题吧。

133. 盲人提灯笼

黄丽的邻居是一位盲人大爷，这个盲大爷有点奇怪，他经常晚上出去听戏，每次都很晚才回来，在回来时，每次都提着一盏灯笼。这位大爷是盲人，本来看不见道路，他提着灯笼有什么用呢？黄丽感到非常奇怪，岂知盲大爷的回答让黄丽佩服得五体投地，既有理又有趣。

你知道盲大爷是怎样回答的吗？

134. 喝着瓶中的酒

张叔叔有一瓶葡萄美酒，当他拿着想喝时，才发觉酒瓶是用软木塞塞紧了的，他想拔掉瓶塞，但捏不稳，又没有开封的瓶塞启子，要是把酒瓶打破，酒肯定会流出。他想在软木塞上开个孔，但又没有小刀。他想了很多办法，最后，他想到了一个非常简单的办法，轻而易举就喝着酒了。请问，张叔叔想了一个什么样的简单办法？

135. 三根铁棒运过河

从前，有个耍杂技的大力士，他能够举起千斤大铁棒。有一次，他扛着 3 根大铁棒来到一条河边，要到河对岸去。但河上只有一座小桥，小桥只能承受除一个人体重以外的 1000 斤的重量，否则桥就要断。而这个大力士的 3 根铁棒每根就有 500 斤，桥根本承受不了 3 根铁棒的重量。只见大力士束了束腰，运了运气，施展他平时练就的技艺，平安无事地将 3 根大铁棒从桥上一次性地运过了河。

请问，这位大力士是怎样从桥上一次将 3 根大铁棒运过河的。

136. 计算

有这样一道题：一个数加上 1，减去 2，乘以 3，除以 4，结果等于 6。问这个数是多少？

137. 奶奶买回几个鸡蛋

奶奶从副食店买回几个鸡蛋。第一天吃了全部的一半又半个，第二天吃了余下的一半又半个，第三天又吃了余下的一半又半个，恰好吃完。奶奶从副食店买回多少个鸡蛋？

138. 仓库有多少吨原料

有一个仓库运原料，一共运出去 4 批，第一批占所有库存的一半；第二批运出的占余下的一半；以后每一批都运出前一批剩下的一半。第四批运出后，剩下的原料全部分给甲、乙、丙三个工厂。已知甲厂分了 24 吨，乙厂分的是甲厂的一半，丙厂分了 4 吨。

请问：仓库原来有多少吨原料？

139. 西瓜原来有多少克

水果站原有冬贮西瓜若干千克。第一天卖出原有西瓜的一半；第二天运进 200 千克；第三天卖出现有西瓜的一半又 30 千克，结果剩余西瓜的 3 倍是 1800 千克。

请问：原有冬贮西瓜多少千克？

140. 正确的答案是多少

聪明做一道整数减法题时，把减数个位上的 1 看成 7，把减数十位上的 7 看成 1，结果得出差是 111。问正确答案应是几？

141. 共有几个萝卜

小新和小虎拔的萝卜一起放进筐里，小新说："我拔的萝卜是筐里萝卜总数的一半多一个。"小虎说："筐里的萝卜只有4个是我拔的。"

请问：筐里一共有多少个萝卜？

142. 猩猩分香蕉

一个岛上有5个人和一只猩猩，第一个人把所有香蕉平均分成5份拿走一份，分一个给猩猩，第二个人把剩下的香蕉平均分成5份，同样拿走一份，分一个给猩猩，这样每个人都分了一次后，剩下的香蕉还可以分成5份。

请问：岛上一共有多少个香蕉？

143. 抓牌游戏

一共有54张牌，两个人轮流抓牌，每次每人可抓1～4张（但不能不抓），规定抓最后一张者为输。请问：如何才能使你利于不败之地。

144. 他为什么知道

10个人排成一列纵队，从10顶白帽子和9顶黑帽子中，取出10顶分别给每个人戴上。站在最后的第10个人说："我虽然看见了你们

126

每个人头上的帽子，但仍然不知道自己头上的帽子的颜色。你们呢?"
第 9 个人说:"我也不知道。"第 8 个人说:"我也不知道。"第 7 个、
第 6 个……直到第 2 个人，依次都说不知道自己头上帽子的颜色。不
可思议的是，第一个人却说:"我知道自己帽子的颜色了。"

请问:他为什么知道呢?

145. 口袋里有多少钱

有一个好心人在街上遇见一个乞丐，这个好心人就把口袋里所有
钱的一半加上 1 元钱给了乞丐;然后继续向前走，走着走着，又遇到
了一个乞丐，他就把口袋里的所有钱的一半加上 2 元钱给了他;然后
他又遇到了第三名乞丐，同样，他把口袋里所有钱的一半加上 3 元钱
给了他。最后，好心人口袋里就剩下了 1 元钱。

问:开始时好心人的口袋里有多少钱?

146. 如何报数

A、B 两个人轮流报数，必须报不大于 6 的自然数。把 A、B 两个
人报出的数依次加起来，谁报数后加起来的数是 2000，谁就获胜。

请问:如果 A 要取胜，是先报还是后报? 报几? 以后怎样报?

147. 巧玩火柴

火柴游戏是两个人按一定规则，依次轮流从一堆或几堆火柴中取
走一根或几根火柴，谁取走最后一次谁就是胜利者。火柴游戏能引人
入胜，因为它器具简单却有很多变换形式，而每种形式都有必胜策略。

如果你能融汇贯通，便可自己设计各种火柴游戏，使你的思维在娱乐中得到锻炼。一堆火柴 22 根，游戏者每次可取 1、2 或 4 根（不能取 3 根），谁取走最后一次谁就获胜？

148. 穷人梦想发财

小二平时好吃懒做，还一心想发财，一天，他依在一棵大槐树上正幻想着如何发财，突然来了一位白发苍苍的老人，看透了他的心事，笑了笑对他说："小伙子，我知道你在想什么，想发财，我可以帮助你。"小二高兴得跳起来："真的！你帮我发了财，一定感谢你。"老人说："我知道你身上有钱，但不多，这样吧，把你身上的钱往身后树洞里一放，我吹一口气，你的钱就会增加一倍，然后你给我 32 元作为报酬。"小二照样办了，钱果然增长了一倍，他恳求老人再来一次，钱一放，吹口气，又增加一倍，付给老人 32 元……

经过四次之后，小二从树洞里取出 32 元，付给了老人，他变得两手空空的了。十分沮丧。老人把钱还给小二说："小伙子，要发财，还得靠自己勤劳。"说完老人不见。

请问：这是怎么一回事？小二原来有多少钱？

149. 货场有多少吨炭

炭厂原有炭若干吨。第一次运出原有炭的一半，第二次运进 450 吨，第三次又运出现有炭的一半又 50 吨，结果剩余炭的 2 倍是 1200 吨。

你知道炭厂原来有炭多少吨煤炭吗？

150. 幽灵杀手

被害者的胸部和腹部被刺身亡，死亡时间大约是 4 个小时前。

奇怪的是，在这个宽阔的海滨沙滩上，没有任何凶手的足迹，也没有用工具消除足迹或踏着被害者脚印走过的痕迹，更没有使用直升机或飞行工具的迹象。再加上没有任何目击证人，而凶手却是在最短的距离内行凶的。

难道这个凶手真是不会留下脚印的幽灵吗？

请你想想，凶手是如何不着痕迹行凶的？

151. 追捕逃狱犯

提到北海道的网走监狱，以前是专门收容重刑罪犯的牢监。此处会令人联想到它的尽头就是地狱。但它那红砖造的围墙与坚固的正门，今天却已成了观光胜地。不少观光客来到此地，都会在门前拍照留念。

某个初秋夜晚，网走监狱中有位囚犯脱逃了。他以工作场中的木棒当高跷，跨越过高耸的围墙逃狱。

接着，穿越围墙外的空地，逃进杂树林。

被雨打湿的地面上留下了清楚的脚印。

于是，警察带来优秀的警犬，追踪逃犯的路线。警犬仔细嗅过空地上囚犯的足迹之后，一直循此足迹前进，进入杂树林。但追到途中，不知为什么突然停止，左顾右盼，一步也不前进了。

逃狱犯并没有换穿别的鞋子继续逃亡，他的脚上始终是同一双鞋。那么，他如何能骗过警犬的追踪呢？

152. 沙丘杀人

山田警官好不容易有个休假日，特地走了一趟乌取的沙丘。他很久以前就一直很想来看看。

这是面临日本海，东西 16 公里，南北 2 公里的宽广沙丘。从沙丘展望台上眺望，所见之处，尽是绵延不断的沙地。海风吹来，在沙土上卷起波浪般美丽的花纹。

山田警官驾车至沙丘中央，下车脱鞋，赤脚走在沙上。如果穿着鞋，沙子进入的话，就不好走了。

伫立于沙丘顶上，远眺日本海，看见右手斜面上来了一位赤脚男子。那男子身后 50 公尺左右，倒着一位穿红衣的女子。

警官心想，一定是那女的突然昏倒，男子前来求救。他立刻跑向前，准备帮忙。不，那男子一看见警官，急忙往反方向逃逸。这种奇怪的动作触动了警官的第六感。警官大声叫唤。那男子越跑越快。但从沙丘的斜面滑下的警官，速度还是快了一些，不一会儿便追上男子。

"你为什么要逃？""不是，我，不是我杀死她的。"男子颤抖地说道。"什么？杀死……这么说来，那位女子死了？你和我一起来？"警官出示证件，领着男子到那女子身旁。

女子好像被棍棒般的硬物用力敲中头部。

她还没断气，却已奄奄一息。

由于情况紧急，警官为防止男子逃走，便将他戴上手铐。

"振作点？告诉我，是谁做的？"警官问气息微弱的女子。女子痛苦地呢喃："他……敲……头……"她已气若游丝。"为什么敲头？""他……他……"女子轻启双唇，好像要说什么，却没有道出下文就断了气。

警官将女子的尸体轻轻地放在沙丘上，以质问的语气向男子问道："凶器在哪里？你用什么样的棍棒敲的？"

男子什么也不回答。

于是，警官当场搜他的身，却找不到任何一样像凶器的东西。口袋里只有钱、手帕、驾照、香烟和火柴，而且袜子也脱下来揉成一团。

他是打赤脚的，鞋子应该是留在车上。

死亡的女子也同样赤脚，小皮包内只有零散的化妆品及钱而已。

也许凶器埋在沙里吧？

于是，山田循着男子逃逸的路线仔细搜寻，依然没有任何发现。

如此看来，就只剩一个可能——就是用手敲打。

但是，既然力量强得足以杀死一个人，当然拳头应该会有些红肿。只不过，眼前这位男子的手像女人一样白皙，并没有任何异常。

不过，警官还是认为这名男子是凶手。

亲爱的朋友们——你是否能帮帮警官的忙，推断出这男子到底使用什么凶器？

153. 毒蘑菇杀人事件

群马县以前称为上野国或上州。所谓上州的名产，就是老婆当家与龙卷风，还有雷。上州可说是日本最常发生落雷的地方，非常有名。

某个初秋，赤城山麓草原上发现两具正在露营的群马大学学生的尸体，他们死于扎在大杉树下的帐篷内。

死因是食物中毒。

判断是晚餐吃了森林中的野生毒蘑菇，中毒而死。

但这两人是野外生活社团的团员。

"就算死因是食用毒蘑菇中毒，也必定是他杀的。杀人犯故意让他们吃下毒蘑菇，再将尸体搬来这里，假装他们是露营中误食毒蘑菇而死。而且，犯人一定是没有露营经验的家伙。"

群马县出生的刑警只看了现场一眼，就很干脆地下此判断。

理由何在？

154. 名侦探，宫本武藏

熊本市西南有一座有名的海地山，半山腰有个称为灵严洞的小洞穴。正保二年（1645年），剑豪宫本武藏在此洞坐禅。

宫本武藏56岁时才住进熊本。

经过长年流浪生涯之后，武藏终于被肥后藩主网罗，成为剑术教练，年俸300石。

对于自视清高的他而言，这样的待遇也许太低了。但是，他已经厌倦了长年的流浪生活。这可能是最后的机会了。因此，他放下身段，进入仕途。

寻得安身立命之处，武藏终于松了一口气。不知是否因此之故，健壮的身体突然变坏，疾病经常造访。

他不太指导剑术，而和禅寺内的和尚，悠游于诗画、茶道、禅等境界中。

　　＊　　　　＊　　　　＊

夏日，盛阳朗照，武藏在小河旁悠然垂钓。

2小时前才下过骤雨，所以河水暴涨，还有点混浊。

这时，村里的一个小孩跑了过来。"荒寺有个男子被杀了！"

132

武藏于是前往荒寺一探究竟。

夏草茂盛的寺内已经集满了村人，团团围着尸体。一个满面胡须的男子仰躺在崩塌的土墙旁的合欢树下，左肩被砍了一刀，伤口不小。正午的骤雨使死者旅人般的衣物全湿了，血痕也几乎被大雨冲掉。

"美丽的衣服被割坏了，一定是技术不怎么高明的人干的。"武藏感慨凶手技术太差。"死者是谁？"武藏询问村民。

"没见过。大概是路过的旅人吧！"村民如此回答。

他身上并没有带钱，很可能是半路遭遇抢匪，钱全被抢走，连命也没了。

"什么时候被杀的？"

"看他全身湿淋淋的，很可能是在这树下躲雨时被杀。"

群众中传来说话声。

但武藏看见合欢树叶表面飞散的血迹，立即断定："不！他是在骤雨前被杀的。"

武藏凭什么如此推理呢？

155. 看不见的证据

提到长崎，和广岛一样，都是由于曾遭到原子弹轰炸，举世闻名。

1945 年 8 月 9 日，美军在长崎投下原子弹，城市街道上大约一半土地，以及 7.5 万人的生命，均在一瞬间丧失。

长崎之毁是在广岛原爆之后 3 日，离第二次世界大战奏出终曲不过区区 6 天。

    *   *   *

一个下雨的夜晚，长崎大学学生 A、B 在宿舍里边喝酒边争论。

争论的主题是有关 *4* 日前，中国政府在塔克拉玛干沙漠进行核试爆的事。

争论到最后，竟然打了起来。

最后，空手道初段的 A 将 B 打死。

A 心想，这下惨了。

但后悔已经太迟了。

当天半夜，A 将 B 的尸体放入车中，载到原爆中心碑附近的游乐场丢弃。

因为雨已经停止，便用公厕内的自来水，用喷壶将尸体浇湿。

不料，隔天早晨尸体被发现，警方展开搜证时，鉴识人员立即说道：

"死者并没有被昨晚的雨淋到，应该是犯人故意洒自来水蒙骗警方。"

犯人伪装立刻被揭穿。

到底犯人 A 什么地方露出马脚呢？

156. 真假夫妻

深山的旅馆来了两对夫妇，其中一对是名副其实的夫妇，而另一对则是杀妻外逃的通缉犯和其情妇。

由于旅馆已接到通缉犯，所以早有警惕。不巧，通缉照片不清楚，根本无法辨别哪一对是罪犯。但是，出来迎接的店老板只注意到了一点，便知道哪一对是罪犯了。那么你看出破绽了吗？

157. 秘密接头

前田警部得到情报，一犯罪团伙准备在百货商店秘密接头，于是便跟踪而至。

一个男的在商店的服务台前，请求女店员为其广播找人，内容是："从东就八王子市来的山形先生，请到一楼的总服务台前，您的同伴在等您。"

前田警部在服务台前监视了好一阵子，但始终未见那个叫山形的"同伴"出现。实际上，在这段时间里，那个男的已和同伴接上了头。那么，到底是如何接的头呢？

158. 夕阳告诉我

在 *1* 月份的一个寒冷的雪夜里，巴特受朋友之邀到纽约长岛的老家去调查有关家藏珍宝的真相，而朋友的子孙们也跟着他一起去。

那地方有两栋建筑物遥遥相对着。一所叫黑屋，一所叫白屋，他们住在白屋。据说祖先的珍宝藏在黑屋里，他们决定明天去搜查。晚饭时，子孙中有两人吵了起来，不小心打碎了一瓶 *150* 年的白兰地。巴特喝了酒感到特别困，很快就睡着了。

醒来已是第二天早上，他听到室外一片喧闹，出去一看，吓了一跳，一夜之间，黑屋消失得无影无踪。回头一看，白屋依旧，周围景色也没变。回到屋内，昨夜吵架时打碎的酒瓶还在。

巴特被搞迷糊了，就回房间仔细思考，这时晨曦初透，照得室内

135

一片光亮，巴特又吓了一跳。因为昨天停电，他是在同一个地方看到夕阳的。你能解开这个谜吗？

159. 名画失踪案

伦敦富翁失窃一幅小而名贵的画。据传，有人要携带这幅画渡海到马黎支。有关当局特别做了严密的措施，彻底地检查旅客的行李。

这时，有一个女学生，在开往巴黎的火车上离奇地失踪了。他们共有 10 人，是各个学校派出来，送往巴黎留学的优秀生。有人看见她进入火车站的洗手间，从此就不见踪影了。既然没有跳车的迹象，也没发现尸体。而她所戴的帽子和鞋子却在铁路旁被发现了。

这列火车，除了这些女学生外，另外还有 3 组乘客，他们都是私人车厢，第一组是两个到巴黎观光的老小姐；第二组是两个中年的法国商人；最后一组是最有嫌疑的年轻夫妇。因为事关重大，所以警方重点检查了他俩的行李，但却什么也没有发现。

第二天，失踪的女学生在伦敦被找到。她因头部受到重击而丧失记忆力。后来，富翁的名画在巴黎火车站那个失踪的女学生的书包中被发现，这是怎么一回事呢？

160. 谜样的绑票犯

某董事长的孙子被人绑架了，犯人要求索取 1000 万的赎金。

犯人以电话指定如下："把钱用布包起来后放进皮箱。今晚 11 点，放在 M 公园的铜像旁的椅子下面。"

为了保住爱孙的性命，董事长就按照犯人的指示，把 1000 万元的钞票放进箱子里，拿到铜像旁的椅子下。

到了 11 点半左右，一位年轻的女性来了。她从椅子下拿了皮箱后就很快离去。完全不顾埋伏在四周的警察。

那个女的向前走了一段路后，就拦下了一辆恰好路过的计程车。而埋伏在那儿的警车，立刻就开始跟踪。

不久后，计程车就停在 S 车站前。那个女的手上提着皮箱从车上下来。警车上的两名刑警马上跟着她。

那个女的把皮箱寄放在出租保管箱里，就空手走上了月台。其中的一位刑警留下来看守着皮箱，另一人则继续跟踪她。

但是很不凑巧，就在那个女的跳进刚驶进月台的电车后，车门就关了。于是无法再继续跟踪。

然而，那个皮箱还被锁在保管箱里，她的共犯一定会来拿。刑警们这么想着，就更加严密地看守那个皮箱。

但是，过了好久之后，都不见有人来拿，于是警方便觉得不太对劲，便叫负责的人把保管箱打开。当他们拿出箱子一看，里面的 1000 万元已经不翼而飞了。

而这 1000 万的赎金，到底是谁、又是怎么拿走的呢？

161. 一对经济合伙人

约翰和莫维是一对经济合伙人。这天，他俩一起去打猎，结果发生了悲剧。约翰向警署人员说，自己朝一只雄鹿开枪时，子弹击中莫维，穿进了他的左太阳穴。

死者没戴帽子，脸朝下，一只手还握着猎枪。刑事专家霍尔边查看尸体边听约翰诉说："我俩在这里转了4天，才发现这只雄鹿，它正在树丛中睡觉。这次轮到莫维先开枪，我偷偷地靠近那只鹿，以为莫维就在我身后跟着，不料，鹿有点警觉，突然立起前脚。这时莫维还没开枪，鹿眼看着就要逃走，我只好先开枪了，结果这一枪没打中鹿，却击中了莫维。我真没想到他会悄悄地溜到对面去。"

在归途的车上，霍尔对警员说："我很怀疑约翰，他可能出于某种原因谋害了合伙人。"

霍尔为什么怀疑约翰？

162. 她不是吸血鬼

某个夏日，一个樵夫在树林里突然听到孩子的哭声，觉得奇怪，便四处寻找。结果发现孩子继母正用嘴咬他的肩膀，听到樵夫的脚步声，这女人抬头来，樵夫见她满脸是血。"啊，这女人是吸血鬼！"樵夫又惊又怕，转身逃走了。

回到农场，他立刻把刚才看到的事情告诉了农场的人，于是吉米的继母是吸血鬼的说法便传开了。后经调查澄清，她不是吸血鬼。

请你猜测一下，当时发生了什么事？

163. 大脚男人

著名的摔跤界高手马场先生，以穿着30公分的大鞋子而闻名。而这个事件中的犯人也不差，他是个穿着33公分的大鞋子的男人。

这名犯人在将这个穿着23公分的鞋子的女子杀害后，为了混淆脚印，便穿着被害者的小高跟鞋逃离现场。

然而，以他那么大的脚而言，他决不可能塞得进那双小高跟鞋。而他究竟是怎么穿着那名女子的鞋逃走的呢？

164. 喝苦药的考验

尽管气温高达 *44℃*，*50* 名美国游客还是及时赶到了墨西哥的一个小村庄。

"本村少年进入成年仪式现在开始。"当墨西哥导游高声宣布后，一位气喘吁吁、汗流满面的小伙子步履艰难地跑进村，精疲力竭地倒在树荫下。几个村民马上递上冰块，替他擦汗、按摩。

导游从村长手中拿过一只水杯，对游客大声说："现在最后的考验到了，这位刚刚跑完 *40* 英里的小伙子必须从容地喝下这杯最苦的药水。"

说着，导游将杯子递给游客，*3* 位游客尝后脸色骤变，导游于是大发议论，旁边的美国游人也不知怎地纷纷解囊下注，与导游打赌，认定那个小伙子经不起喝苦药的考验。

哈莱金博士恰好是游客中的一员，他目不转睛地看着水杯递给那个小伙子。

小伙子一仰脖子喝下了苦药水，甚至连眼皮都没眨一下。

"你和这些村民在此设下了一个巧妙的骗局，"哈莱金博士对导游说，"但我劝你将钱归还游客，不然我要通知警察！"

那么，这是一个怎样的骗局呢？

165. 绳子是帮凶

在一个深夜，住在共有 10 层楼的 M 旅馆的 9 楼中的 909 室的女人，被人发现遭人勒死在屋顶上。

但经过调查，909 室的房间里，已从里面上了两道锁，而且那个女性并没有离开房间一步。

那么，凶手究竟使用什么方法，将她引诱到屋顶再予以杀害的呢？（提示：请注意绳子长度。）

166. 不可思议的宴会

这是一件发生在美国的案子。某夜，一名人犯从牢中逃脱了。由于他穿着上面有横条纹的囚衣，所以不敢走在大街上，以避人耳目。而整个城里，警方都已布下严密的警网，道路也全被封锁了。因此，这名囚犯就陷入进退不得的情形中。

他正在想要躲在哪里好时，突然看见前面 50 公尺处，有一间大宅邸似乎正在举办宴会，明亮的灯光从窗子向外泄出。他打算偷偷地进去偷一件衣服来换，但不幸地被人发现了。而令人惊讶的是，大家居然都拍着手来欢迎他。

于是，这名逃犯便和大家一起快乐地玩了一整晚。到宴会结束前，他才穿着别人的衣服，成功地逃走。

然而，这个欢迎可怕的逃犯的宴会，究竟是个怎么样的宴会呢？

167. 一场不在现场的戏

一个冬天的晚上 8 点，私家侦探朱鸿，接到老友林楷山的电话："朱鸿，我的珠宝被盗，你快点来，我叫司机去接你!"语气很紧张。朱鸿知道那珠宝是人家定制的，一两天就得交货，老友怎能不心焦!大约过了 2 个小时，林楷山的司机到了。

当车子驶回林楷山家后，已是子夜 11 点了。司机说："老板应该在 2 楼，我去请他。"

司机请朱鸿稍候，就上楼去了。没多大会儿，就听到司机的喊叫声："不好了! 不好了! 老板自杀了!"

朱鸿大吃一惊。急忙冲上楼去，但见老友吊在天花板的铁管上，脚下踏板椅子横倒在一边。这时，朱鸿和司机把林楷山的尸体移下来。

"咦，尸体怎么是温的?"司机脸色苍白，惊讶地说道，室内的空气是冷冰冰的，而尸体是温暖的。

"你是说，林楷山在我抵达之前才自杀的?"

"嗯……从尸体看，他似乎死了不到 1 小时。"

朱鸿搜查死者的身上，并没有遗书，他东摸西摸，却在口袋里找到一块融化的巧克力。巧克力是锡纸包着的，朱鸿打开一看，不由把怀疑的目光投向司机："如果没猜错，你就是凶手。你在接我之前，就把他杀了，然后略施手脚，造成假象，对吗?"

"哪……哪有那回事? 我接你来回 3 小时，如果我杀死老板，尸体应该是冰冷的。何况屋内无暖气设备。莫非认为我刚才在楼上杀死他的吗?"

"你是用巧妙的计谋，来演了一场不在现场的戏，我不是 3 岁小孩，不会轻易上当。"

朱鸿是怎么识破的？

168. 遗产安然无恙

艺术品收藏家万斯，出于一种求知的好奇心，经常私下帮助检察机关从事疑难案件的侦查工作。

一天，一位年轻的妇女慕名来访，向他讲了这样一件事："我伯父住在芝加哥，终身未娶。他的全部财产大约有10万美元，换成现钞和宝石，保存在芝加哥银行的租赁金库里。然后，通过邮电局把金库的钥匙寄给了我，并留下遗嘱，让我在他死后再打开金库继承遗产。上月他因病去世。料理完丧葬，我去银行，可是，打开金库，里边只放着个信封。"说着，她从手提包中拿出那个信封，递给了万斯。

这是一个极为普通的信封，上面只贴着两枚陈旧的邮票，既没有收信人姓名，也没有信。万斯把信封拿到窗前的明亮处对着太阳照看，心想：也许在这上面有用密写墨水写的遗产藏匿地点。可是他却一无所获。

万斯歪着头沉思了片刻，突然好象意识到什么，问道："您的伯父有什么特别的嗜好或古怪的性格吗？"

"我只是在孩提时代见过他，所以不太了解。但据说他是个怪人，喜欢读推理小说。"

"原来如此。小姐，请放心，您的遗产安然无恙。万斯微笑着把信封交还给她。"

那么，10万美元的遗产到底在什么地方？

169. 火柴棍之谜

在一家私人宅邸 3 楼的客厅里，客人将装饰品放到桌子上，外出归来后发现其中一个戒指被盗。不知为什么桌子上却留下一支火柴。房间的门上着锁，窗户开了一点儿。但是 3 楼的房间，不可能使用如此高的梯子，窃贼也不可能是从窗外进来的。

实际上，这种同一手段作案已经是第三次了。前两次也是从很多宝石中只拣了一颗最便宜的，真不可思议，竟然会有如此的盗贼，每次同样在桌子上留下一支火柴。

请来私人侦探对此奇怪案件立案侦查，结果说明了以下几种情况：

（1）3 次盗窃案使用同一手段，认定是同一人所为。

（2）作案时家属、客人及佣人全有足够的不在现场的证明，无人接近三楼客厅。

（3）无使用梯子破窗而入的迹象。

（4）为什么盗贼每次只选择一颗最便宜的宝石？

（5）作案时间是白天，不需要划火柴照明，物色盗品。

（6）现场留下的火柴棍上有用硬物夹伤的痕迹。

（7）秘书的房间有个鸟笼子，饲养了一只鹦鹉。

根据以上情况，侦探马上指出了谁是罪犯。

那么，罪犯是谁？现场留下的火柴究竟意味着什么？

170. 满船财宝

当了海盗的基德船长，掉转"冒险号"的航向，驶向红海。在红海狭窄的入口处有佩利姆岛。"冒险号"停靠在该岛背后隐蔽起来，伺机捕获猎物。

第三天，猎物终于出现了，是一艘两根桅杆的穆尔船。这是一条来往于印度、阿拉伯、非洲之间的伊斯兰教徒商船。

基德将全体部下集合在甲板上，宣布了自己的决定。

"今后，凡是在我们眼前出现的船都要捕获，诸位，有异议吗？"

尽管没有用海盗的黑话，但当船员们听懂了他的意思后，立刻扬起一片欢呼声，以前的不满情绪一下子烟消云散了。

"诸位，现在出现在海湾的那条穆尔船，就是我们的第一个猎物。以前我们的运气不佳，现在只要捕获眼前的这条船，我们"冒险号"就会金银成山，要想成功还要靠大家的努力。"

穆尔船见"冒险号"的桅杆挂着英国国旗，丝毫没怀疑是海盗船，径直朝这边驶来，打算进入佩利姆港。

当对方船驶进射程之内时，船长基德立刻下令开炮，令其停船。

穆尔船发觉是海盗惊慌失措，忙用侧舷的几门大炮还击。可能是过于惊慌，6门大炮射出的炮弹老从"冒险号"的桅杆上空飞过，落到小岛的海滩上。

"哈哈哈，愚蠢的穆尔船员，好吧。让我们来教教他们怎么打炮，只瞄准甲板和桅杆，但不要把它打沉了，开炮！"

基德的命令一下，"冒险号"一齐开火。穆尔船的甲板受到重创，桅杆折断，炮弹也打光了，只好乖乖地投降了。基德船长率领全副武装的部下一齐拥到穆尔船上。

他们俘虏了全体船员并清查了船上的货物，都是从印度的戈亚开往阿拉伯半岛麦加。为伊斯兰教运送的货物，如此说来肯定有很多光彩夺目的金银珠宝。

可是，翻遍了船舱，只有绸缎、香料及砂糖，扒光了船员的衣服进行搜身也没发现金银珠宝的影子。

"怎么会没有呢？一定是藏到什么地方了。船长，如果不说实话，就把你们全杀掉！"

基德将穆尔船长及水手长等5人倒吊在桅杆进行拷问。

"不凑巧，这条船上没有财宝。我敢用全体船员性命担保，如果有的话，会全部献给您。没装财宝是我们双方的不幸。"穆尔船长意识到死神将至无可奈何地说。

"真倒霉，遇上这么个没油水的破船。"

满心期待着赫赫战果的基德船长大失所望，无奈只好掠夺了船上值钱的财物，然后一赌气放火烧了船。

"冒险号"为获取新的猎物又扬帆起航了。

穆尔人纷纷从燃烧的船上逃进海里，拼死向岛上游去。可能是炸药发生爆炸，眼看船被炸毁沉没。

基德船长站在"冒险号"的船头用望远镜观察着。

"糟了，我们被那个穆尔船长给欺骗了，马上向小岛返航。"他慌忙大声命令舵手返航。

他带领全副武装的部下，乘小舢板登上海滩。那些幸存游上岸的穆尔人正好在集合，基德用枪把他们驱散后，将他们掩藏起来的财富掠夺一空。

那么财宝究竟藏到哪里了？

海盗基德是如何发现财宝的？

171. 幽灵人

在一个深夜，警察A正在巡逻时，突然在一个漆黑巷子的转角碰

145

到了一个戴着太阳眼镜的人。由于他的举止很怪异，所以警察 A 便向前去询问。而那名男子却突然抽出一把刀，往警察 A 的腹部刺入后逃逸。

警察 A 负伤追赶，并拔出腰际的手枪警告他说：

"不要跑，再跑我就要开枪了。"

子弹打中了他的右腿，那名男子弯了一下膝后又继续跑。警察 A 又开了第二枪，这次又击中了右腿腿腹。

但那名男子仍然跛着脚继续逃跑，并在转角处消失了。

几分钟以后，B 巡警听到声音也赶到现场。过了不久警车也来了，但在附近搜索却没找到犯人。

沿着犯人的脚印去找，也没有发现血迹。这名男子难道是没有脚的幽灵吗？

172. 夏夜的怪盗

夏夜，女怪盗梅琦潜入 G 博士家的庭院，准备趁机进入屋内。但过了 1 个小时，一楼书房的灯依然亮着。"可恶，博士到底要看书看到什么时候嘛？还不快去睡觉……"

梅琦有点焦躁了。

手脚被蚊虫叮得很不舒服，所以梅琦边用手挥蚊子，边喃喃自语："要是喷些防蚊液就好了。"

午夜 1 点左右，书房的灯终于熄了。

博士好像上二楼了。等到二楼卧房的灯也熄了之后，梅琦从书房的窗户溜进去，打开抽屉，拿出博士的研究论文。接着，拿出照相机翻拍。

完成后将论文归位，悄悄地从窗户离去。

当然，没留下任何包含指纹在内的证据。

然而，3 日后，团侦探来到梅琦的住处。

"潜入 G 博士家偷拍博士研究论文的是你吧？"

他直截了当地询问。

"才不是呢！你有什么证据吗？"

梅琦佯装不知。

"你的血型是 B 型 RH 阴性吧？"

"没错！那又怎么样？"

"B 型 RH 阴性，2000 人当中也找不到一人，非常罕见。而在 G 博士家的院子里发现了这种特殊血型，真是巧啊！"

听团侦探这么一说，梅琦吓了一大跳。那夜在院子里，并没有受伤或流鼻血，为什么自己的血会留在院子里？到底什么地方失误了呢？

173. 证据何在

在开发美国西部的年代，一个夏季的黄昏，有棵枯树上绑着一名牛仔，他脖子上被 3 根牛皮绳勒住，窒息而亡。警方推定死亡时间为下午 4 点左右。被捕的嫌疑犯用提出的时间、地点及见证人等证明，在牛仔死亡时他不在现场，可是有人推断牛仔确实是被他杀的。你知道这是怎么回事吗？

174. 运钞车失窃案

装着 3 亿日元现钞的现金运输车在以往的行车路线上行驶，突然一辆轿车从旁边穿了出来，挡在运输车前面不动了。是发动机熄火了？

开车的是个二十四五岁的年轻女子，只是她一个劲儿地拧动钥匙试图发动车子，可就是打不着火。运输车慌忙向后倒车，可后面传来刺耳的鸣笛声。一时间，道路堵塞，喇叭声四起，简直围困得没有立锥之地。

约摸7分钟后，那女人的车总算发动着开走了。运输车上的保安人员也如释重负地舒了口气开动了车子。

到达目的后，保安人员打开运输车后箱的门锁，欲取下装着3亿日元的保险箱，糟了，装现钞的保险箱不翼而飞，出发时明明装在车上，看来只能认为是在刚才那7分钟时间里被窃的，可是究竟是怎么被盗的呢？

175. 越狱的囚犯

囚犯萨姆每天在铁窗台上撒面包渣儿。在监狱外，其妻放出信鸽，信鸽发现面包渣儿，便向萨姆的牢房飞来。这样反复进行几次，等信鸽记住了单人牢房的位置后，其妻子在信鸽腿上绑上线锯的锉刀，然后放掉信鸽。于是，囚犯萨姆便顺利地搞到了锉刀。

鸽子可在监狱的高墙上自由飞进飞出，而监视墙上的看守是不会介意鸽子会传递线锯的。

囚犯萨姆被关在监狱的单人牢房，可就在一天深夜，他用线锯的细锉刀锉断窗户的铁栏杆越狱逃跑了。

在萨姆被关在单人牢房期间，从没接受过外部送来的东西，虽然他的妻子常来探监，但只是在会客室隔着窗玻璃用电话交谈，传递线锯是不可能的。而且，他在被关进单人牢房时接受过严格的搜身检查。

那么，囚犯萨姆是如何搞到线锯的呢？

监狱长在查看牢房被锉断的窗栏杆时，见窗台上有鸟粪，便看出了名堂。

176. 过河

在一条河边有猎人、狼、男人领着两个小孩，一个女人也带着两个小孩。条件为：如果猎人离开的话，狼就会把所有的人都吃掉，如果男人离开的话，女人就会把男人的两个小孩掐死，而如果女人离开，男人则会把女人的两个小孩掐死。

这时，河边只有一条船，而这个船上也只能乘坐两个人（狼也算一个人），而所有人中，只有猎人、男人、女人会划船。则问，怎样做才能使他们全部度过这条河？

177. 谁的存活机率最大

一条船上有 5 个囚犯，分别被编为 1、2、3、4、5 号，他们分别要在装有 100 颗黄豆的麻袋里抓黄豆，每人至少要抓一颗，抓得最多和最少的人都将被扔下海去。他们五个人在抓豆子的时候不能说话，但在抓的时候，可以摸出剩下的豆子数。问他们中谁的存活几率最大？

提示：1. 他们都是很聪明的人。

2. 他们先求保命，然后再考虑去多杀人。

3. 100 颗黄豆不需要全部都分完。

4. 若出现两人或多人有一样的豆子，则也算最大或最小，一并丢

149

下海去。

178. 他们分别是哪里人

奥林匹克运动会结束后，下面这五个人在进行议论。他们中有一个是讲真话的南区人，一个是讲假话的北区人，一个是既讲真话又讲假话的中区人，还有两个是局外人。他们每个人要么就先说两句真话，再说一句假话；要不然就先说两句假话，再说一句真话。请看以下他们的陈述：

A. 1. 如果运动员都可以围腰布，那我也能参加。

2. B 一定不是南区人。

3. D 没能赢得金牌。

4. C 如果不是因为有晒斑，也能拿到金牌。

B. 1. E 赢得了银牌。

2. C 第一句话说的是假的。

3. C 没能赢得奖牌。

4. E 如果不是中区人就是局外人。

C. 1. 我不是中区人。

2. 我就算没有雀斑也赢不了金牌。

3. B 的铜牌没有拿到。

4. B 属于南区人。

D. 1. 我赢得了金牌。

2. B 的铜牌没有拿到。

3. 假如运动员都能围腰布，A 本来会参加。

4. C 不属于北区人。

E. 1. 我得了金牌。

2. C 就算没有晒斑，也拿不到金牌。

3. 我并不是南区人。

4. 假如运动员都能围腰布，A 本来会参加。

那么，谁是南区人，谁是北区人，谁是中区人，哪两个是局外人，谁得了奖牌呢？

179. 谁是凶手

小甜和小蜜幸福地生活在一所豪宅里。她们既不参加社交活动，也没有与人结怨。有一天，女仆安卡歇斯底里地跑来告诉李管家，说她们倒在卧室的地板上死了。李管家迅速与安卡来到卧室，发现正如安卡所描述的那样，两具尸体一动不动地躺在地板上。

李管家发现房间里没有任何暴力的迹象，尸体上也没有留下任何印记。凶手似乎也不是破门而入的，因为除了地板上有一些破碎的玻璃外，没有其他迹象可以证明这一点。李管家排除了自杀的可能；中毒也是不可能的，因为晚餐是他亲自准备、亲自伺候的。李管家再次仔细的弯身检查了一下尸体，但仍是没有发现死因，但注意到地毯湿了。

请问：小甜和小蜜是怎么死的呢！究竟谁杀了她们？

180. 共有几条病狗

一个村子里一共有 50 户人家，每家每户都养了一条狗。村长说村里面有病狗，然后就让每户人家都可以查看其他人家的狗是不是病狗，但是不准检查自己家的狗是不是病狗。当这些人如果推断出自家的狗是病狗的话，就必须自己把自家的狗枪毙了，但是每个人在看到别人家的狗是病狗的时候不准告诉别人，也没有权利枪毙别人家的狗，只有权利枪毙自家的狗。然后，第一天没有听到枪声，第二天也没有，第三天却传来了一阵枪声。

请问：这个村子里一共有几条病狗，请说明理由？

181. 为什么呢

曾经有座山，山上有座庙，只有一条路可以从山上走到山下。每周一早上 8 点，有一个聪明的小和尚去山下化缘，周二早上 8 点从山脚回山上的庙里。注意：小和尚的上下山的速度是任意的，但是在每个往返中，他总是能在周一和周二的同一钟点到达山路上的同一点。例如，有一次他发现星期一的 9 点和星期二的 9 点他都到了山路靠山脚的地方。

请问：这是为什么？

182. 几艘来自纽约的船

问题内容：一般在每天中午的时间，从法国塞纳河畔的勒阿佛有一艘轮船驶往美国纽约，在同一时刻纽约也有一艘轮船驶往勒阿佛。我们已经知道的是，每次横渡一次的时间是 7 天 7 夜，以这样的时间匀速行驶，可清楚的遇到对方的轮船。

问题是：今天从法国开出的轮船能遇到几艘来自美国的轮船。

183. 如何找出不标准的球

有 80 个外观一致的小球，其中一个和其它的重量不同，（不知道更轻还是更重）。现在给你一个天平，允许你称四次，把重量不同的球找出来，怎么称？

184. 老师的生日是哪一天

小刘和小红都是张老师的学生，张老师的生日是 M 月 N 日，2 人都知道张老师的生日是下列 10 组中的一天，张老师把 M 值告诉了小刘，把 N 值告诉了小红，然后问他们老师的生日到底时哪一天？

3 月 4 日、3 月 5 日、3 月 8 日、6 月 4 日、6 月 7 日、9 月 1 日、9 月 5 日、12 月 1 日、12 月 2 日、12 月 8 日。

小刘说：如果我不知道的话，小红肯定也不知道。

小红说：刚才我不知道，听小红一说我知道了。

小刘说：哦，那我也知道了。

请根据以上对话推断出张老师的生日是哪一天

185. 哪位小姐养蛇

一道著名的逻辑分析题，有信心的朋友们可以试着分析一下，看你的智商有多高？有五位小姐排成一列，这五位小姐的姓氏不同，衣服的颜色、喝的饮料、喜欢的宠物、吃的水果都不相同。

1. 钱小姐穿红色衣服

2. 翁小姐养了一条狗

3. 陈小姐喜欢喝茶

4. 穿白色衣服的在穿绿色衣服的右边

5. 穿绿色衣服的小姐在喝咖啡

6. 吃西瓜的小姐养了一只鸟

7. 穿黄色衣服的小姐在吃梨

8. 在中间站着的小姐和牛奶

9. 在最左边站着的是赵小姐

10. 吃桔子的小姐站在养猫小姐的旁边

11. 吃梨小姐的旁边站在养鱼小姐的旁边

12. 吃苹果的小姐在喝香槟

13. 江小姐在吃香蕉

14. 蓝色衣服小姐的旁边站的是赵小姐

15. 吃桔子的小姐的旁边站在喝开水小姐

问题出来了，请问：养蛇的是哪位小姐？

186. 谁说了假话

张、王、李、赵四人的血型各不相同，张说：我是 A 型。王说：我是 O 型。李说：我是 AB 型。赵说：我不是 AB 型。这四个人中只有一人说了假话。

请问：以下哪项成立？

A. 不管谁说了假话，都能推出四个人的血型情况。

B. 王的话假，可以推出。

C. 李的话假，可以推出。

D. 赵的话假，可以推出。

187. 找出正确的做法

侯同学的以下实验操作中正确的是？（请写出分析过程。）

A. 用酒精提取碘水中的碘。

B. 有 $CC14$ 分离苯和溴苯。

C. 用裂化汽油提取溴水中的溴。

D. 将金属钠保存到十二烷中。

188. 哪只兔子死掉了

在一个茂密的森林里，有 10 只兔子，大兔子病了，二兔子瞧，三兔子买药，四兔子熬，五兔子死了，六兔子抬，七兔子挖坑，八兔子埋，九兔子坐在地上哭起来，十兔子问他为什么哭？九兔子说："五兔子意外死去！"这是一件密谋杀兔事件。

请问：哪知兔子死掉了？

189. 谁和谁是夫妻

有四对夫妻，赵结婚的时候张来送礼，张和江是同一排球队队员，李的爱人是洪的爱人的表哥。洪夫妇与邻居吵架，徐、张、王都来助阵。李、徐、张结婚以前住在一个宿舍。

请问：赵、张、江、洪、李、徐、王、杨这八个人谁是男谁是女，谁和谁是夫妻？

190. 结果如何

ABCD 四人参加公务员考试，报考同一职位。该职位只招录一人，有且只有该四人报名。四人均准备充分，在考试中发挥出最高水平。考试结束后，四个人讨论如下：

A：只要考试不黑，我肯定能考上。

B：即使考试不黑，我也考不上。

C：如果考试不黑，我就能考上。

D：如果考试很黑，那么，我肯定考不上。

结果出来后，证明 ABCD 四人预测均正确，则有一人成功考取，则可推出公务员考试：

A. 黑

B. 不黑

C. 有时黑，有时不黑

191. 哪种说法对

在人口统计调查的过程中，男女比例相当，但是，黄种人跟黑种人相比多得多。在白种人中，男性比例大与女性，由此可见，请选择以下正确的说法：

A. 黄种女性多于黑种男性

B. 黑种女性少于黄种男性

C. 黑种男性少于黄种男性

D. 黑种女性少于黄种女性

192. 小狗巧斗黄鼠狼

有一只小狗遇着了一只黄鼠狼，仇人相见，分外眼红，小狗与黄鼠狼搏斗起来。黄鼠狼本来不是小狗的对手，但在前几次搏斗中，黄鼠狼采取无赖下流的手段，噗噗地放出几个臭屁，把小狗熏得晕头晕脑，因此，小狗几次吃了亏。今天双方搏斗起来，正好刮着南风，小狗想真是天助我也，我要叫你臭屁没有用武之地。果真，小狗与黄鼠狼搏斗了一会儿，尽管黄鼠狼噗噗地放屁，但没有发挥任何作用，小狗几个回合就把黄鼠狼打败了。

请问：小狗是怎样打败黄鼠狼的？

193. 如何渡江

小赵饲养了一只狗、一只猫及十只老鼠。现在，他要带它们渡江到 A 岛去。然而问题就出在小船的负荷量上。由于船身太小，小赵每次只能带其中一种动物渡江。不过，假如先带老鼠渡江的话，留下的猫和狗便会打架；若先带狗渡江的话，猫又会吃老鼠。用什么方法可以使所有动物都平安渡江呢？

194. 谁最能干

一天，小马、小驴和小骡在一起夸爸爸妈妈。

小马说："我的爸爸是大红马，我的妈妈是大白马，犁田、拉车的本领特别大。"

小驴说："我的爸爸是大黑毛驴，我的妈妈是灰毛驴，驮货、拉磨数第一。"

小骡说："我的爸爸是棕骡，我的妈妈是花骡。它们个儿高，力气大，干什么都比你们的爸爸妈妈强。"

小马和小驴听罢都不吭声了，因为大骡子的确比马和驴都能干。可是，它们又总觉得小骡子说的话有不大对的地方。你知道它错在哪里吗？

195. 女服务员

有一天，小李去买衣服，见时装店里站着一位打扮入时的女服务员，他指着一件西装问："小姐，请问这件衣服多少钱？"可是等了办天，没有回答，小李生气地大声嚷道："你这是什么态度？我要去找你们的经理反映。"

这时，刚好经理办完事经过这里，停下一看，忙向他解释："同志，对不起，刚才店里比较忙，服务不周，请多谅解，有什么事可以对我讲。"小李："那……她怎么处理？"

经理说："你就原谅这位小姐一次吧，不要跟她计较了。"

试问，这是为什么呢？

196. 妙计脱身

刘建封，吉林省安丘县人，清末秀才。

1908 年（清光绪三十四年），奉命勘测奉吉两省界线兼查长白山三江之源。刘建封率员对长白山进行了空前的勘察，填补了历史空白，写出《长白山江岗志略》一书。

1909 年，安图设治，刘建封为首任知事，在任近三年，政声卓著。辛亥革命前后，刘建封积极参加孙中山领导的革命活动。在以后的数十年中，因政治革命，其家被抄两次、引渡两次、通缉七次、悬赏逮捕三次、监视两次、驱逐三次、受审十一次……真可谓天变地变，其救世主义不变。

刘建封离开安图县以后，东渡日本，参加了同盟会。在日期间，清政府的通缉令也到了日本。日本政府派人到处搜捕爱国志士。一天，刘建封正在屋内疾书，没想到几名捕快已经进了大门。刘建封见状，不慌不忙，想了一个办法，居然摆脱了捕快。

试问，他想出了什么办法呢？

197. 漂流两省

1996 年 7 月 26 日夜，甘肃境内突降大雨，河水暴涨。第二天平凉地区与陕北毗邻的泾县倒城关镇蒋家村村民蒋三城的女儿蒋彩莲被洪水冲走。她不会游水，先是呛了几口水，腿一弯便觉得似乎身体在下沉。然而，7 月 27 日 6 点多，当蒋彩莲漂流到陕西彬县香庙乡枣渠村泾河段，眼看又要逼近一座落差达 15 米的拦河大坝——枣渠水电站大坝时，被河岸山头的村民发现。枣渠村 43 岁的村民吴建辉听到喊声后，立即冲入水中，凭着良好的水性，迅速向水中遇难者游去，他顺势拽着蒋彩莲的长发，拼力向岸边游。在岸边群众的帮助下，将遇难者蒋彩莲救上了岸，并奇迹般地生还。

试问，蒋彩莲为什么在水中漂流两天而没有沉下去淹死呢？

附：答案

1. 答案：第一个朋友在晚上 11 点 57 分左右打电话问足球比赛的结果是怎样。过了 1 个小时左右，进入新的一天，另一个朋友又打电话过来问同样的问题。当然，此题的答案可以有很多种，这也只是其中的一种而已。

2. 答案：当年他跳进水里救他女朋友的时候，曾被女朋友的头发缠着腿了，但他以为是水草。今天突然明白过来，所以跳水自杀了。

3. 答案：小红

4. 答案：小涛买了书包；小宇买了篮球；小闯买了英语词典。

5. 答案：警察是根据往返的脚印不同而做出判断的。因为罪犯扛着尸体时，由于重量增加，所以脚印就比较深，而返回时空手而归，脚印比较浅。警察由此断定报案者就是凶手。

6. 答案：日的弟弟是D；月的弟弟是B；水的弟弟是A；火的弟弟是C。由题知三人中，只有D的哥哥说的是真话，可推出月说的是假话。再根据月的话，可得知水也不可能是D的哥哥，所以，水的话也是假的。继而推出，日的一定是D的哥哥，日说的是实话。即月的弟弟是B，水的弟弟是A。

7. 答案：A

8. 答案：甲、乙、戊、庚为男性；丁、丙、己为女性。

9. 答案：C是玲玲真正的朋友。要解答这道题需要按顺序来思考，首先假设答案是G、C或L，再依据"只有四个人说实话"这个条件，分别剔除不合适的人选。

10. 答案：有两个天使。分析如下：假设A是天使，那么A说的是真的。在B和C直间至少有一个是天使。那么B说有两种可能性。一种B的确也是天使，也就是说B说的也是真话，这样只能说明；C是魔鬼。第二种情况是，B是魔鬼，所以B说的是假话，也就说A和C之间至少有一个天使。而在假设A是天使前提下通过A的话我们可以断定C一定是天使。所以从以上的假设和可能出现的两中情况可以推断出A、B、C中一定有两位天使。

11. 答案：他们的顺序是E、C、F、D、A、B。

12. 答案：根据新娘在没有丈夫的陪伴时不许和别的男子在一起的规定，他们至少需要往返 11 次。

13. 答案：史密斯先生在打电话的时候做了手脚。在通话的过程中，他一讲到无关紧要的话，就用手掌心捂紧话筒，这样对方就听不到他在讲什么了，而讲到关键时刻时，他就松开手，这时，他的妻子就听到了这么一段"间歇式"的情报电话："我是史密斯……现在……皇冠大酒店……和坏人……在一起……请您……快……赶到……"

14. 答案："鸡尾酒"先生所收到的礼品是"威士忌"先生送的。"茅台"先生送给"白兰地"先生的是鸡尾酒；"白兰地"先生送给"威士忌"先生的是伏特加酒；"威士忌"先生送给"鸡尾酒"先生的是茅台酒；"鸡尾酒"先生送给"伏特加"先生的是白兰地酒；"伏特加"先生送给"茅台"先生威士忌酒。

15. 答案：这个胜算很大。其实我们可以假设一下，如果朝上的是"√"，那么向下的是"√"或"×"的机会并不是一半一半。这是因为，朝下的是"√"的机会有两个：一个是第一张牌的正面朝上时；另一个是第一张牌的反面朝上时。而朝下的是"×"时，只有当第二牌正面朝上的时候才会发生，所以，回答朝上那面的图案，他的机会是 2/3。

16. 答案：艾迪事先已作好了演出准备，说明他对杰克的死和自己将要上场的事早已知道，这就证明他涉嫌谋杀。如果他事前不知道这些事，他上场应做的准备工作是用松香擦擦弓，并调好琴弦。

17. 答案：假设 abc 三个犯人 a 看到的是 bc 都戴着黑帽，如果 bc 中的一个知道他们戴着黑帽，那他们一定会先说出来，可是没有，为什么呢？假设 a 自己是白帽：在 b 看来就是一个白帽和一个黑帽，如果 b 是白帽，那么 c 会看到两个白帽，所以会先说出来，既然 c 没有说出来，b 就会知道自己是黑帽，则 b 会先说出来，但是也没有；同样的在 c 看来就是一个白帽和一个黑帽，如果 c 是白帽，那么 b 会看到两个白帽，所以会先说出来，既然 b 没有说出来，c 就会知道自己是黑帽，则 c 会先说出来，但是也没有。

综上 bc 都无法确定自己是黑帽子，即假设不成立，所以只能说明 a 是黑帽子

18. 答案：张老师的生日是 9 月 1 号。根据小丽的话，可以推断小云不能确定日子，那么小丽的日子必定是重复的，所以只能在 3 月和 9 月。加上小云的证实确定了月份是 3 月或 9 月，而且小强知道了答案，所以不可能是重复的 5。因为 3 月还剩下两天，9 月还剩下一天所以如果小丽知道的话，肯定是只有一天的 9 月。

19. 答案：小明属于 B 家庭。根据以上条件推断可得知：

A 家庭的年龄组合为：8、10、11、12；

B 家庭的年龄组合为：5、13、2、3；

C 家庭的年龄组合为：1、4、7、9。

20. 答案：

A. a 即可组成的密码文字的总数是 1。自已知条件 2、4、5 可知，三个字母中 A 和 C 两个字母在这样的条件中是不可能有用场的。因此只有 B 一个字母可用；再根据已知条件 3，可得知这样的密码文字只有 BB 一种。

B. 正确答案为 d。d 组中的密码文字明显违反已知条件 4，但只要将 C 与前三个字母 DAB 任一位置交换即可变成一个完全符合条件的密码文字。

21. 答案：船在大风中航行，自然颠簸的厉害，而那名自称是杂技演员的人却能写出整齐的字迹，可见他是在说谎。

原来可以这样解释，你现在最想说的就是这句话了吧。是啊，这

样解释也没错，不过现在总算明白什么叫做发散思维了吧。心理实验研究表明，今天的普通人仅用了不足1%的脑力，像爱因斯坦这样的天才也只用了2%左右的脑力。多用脑，就会越聪明，这句话是真的。

22. 答案：是D吉米不是英国人。穿西装的不一定就是美国人，不过可以肯定的是吉米不是英国人。

23. 答案：他家里的家具被另一个侏儒锯了一小结，当瞎子回到家里时，因为看不见，他还以为是自己的长高了呢，所以自杀了。

24. 答案：他间接造成了那个人的死亡。这是因为有人从下面爬至山脚下敲门，他一开，就把那人又撞下去了，如此几次，爬山的人就被活活摔死了。

25. 答案：因为梅花鹿只有雄性长角。鹿角春天脱落，而后又开始长出新茸。新茸包在皮里渐渐地长大，到深秋才从皮里裸露出来。若照片是5月7日拍的话，不会拍出长角的梅花鹿。

26. 答案：这里因为姐姐是在2001年1月1日出生在一艘由西向东将过日界线的客轮上；而妹妹则是在客轮过了日界线之后才出生的，那时的时间还是处在2000年12月31日。所以，如果按照出生的日期来讲的话，妹妹要比姐姐早一天出生。

27. 答案：热气球故障。几个人乘坐热气球旅行，路过沙漠，气球突然漏气，很危险。于是大家把行李全都扔下去了，还不行。只好扔下去一个人，大家决定拿几根火柴决定，谁抽到半根的把谁丢下去，这个可怜的家伙抽到了那根短火柴，结局就是我们看到的那样。

28. 答案：他们的推理属于逻辑学中的概念问题。这是一种典型的玩弄语源学的语词把戏，也是一种随意曲解和混淆语词所表达的概念的逻辑错误。西瓜所以是西瓜，这是由它的本质属性所决定的，至于西瓜的轻重则是非本质属性。一百三十四磅重的是西瓜，一百四十磅重的也是西瓜。而"笨人大学"的师生用西瓜的轻重来衡量它是否是西瓜，正说明他们根本不懂概念这种思维形式是用来反映事物的本质属性的。而他们说鸡是植物，更是完全否定了一个语词的确定涵义，否定了一个语词与它所表达的概念之间的确定关系。

29. 答案：小李才是张先生的未婚妻。因为根据上面的条件可知，小孙和小赵的年龄档一定有三人，那么她们都是20多岁。剩下的小钱和小李就是30多岁。同理又可推出小钱、小周都是秘书，小赵是教师，但她年龄不符。所以，结果是小李。

30. 答案：几年前，这个男孩曾经和他的前女友一起去南极考察，路中，他们的船沉了，食物也吃完了，前女友就给他做企鹅肉的菜吃，因为这样，男孩活了下来，但他女友的身体却渐渐衰弱，直至最后死去。直到现任女友再次给他做这道菜时，他才明白过来，他当时吃的不是企鹅肉，而是女孩的肉……所以，他自杀了。

31. 答案：尼可的妹妹是那位神秘外甥的妈妈。

32. 答案：第一排：花花、球球、咪咪

第二排：蓝蓝、黑黑、忽忽

33. 答案：他看的是眼病，以为自己又失明了……对生活失去了信心，所以自杀了。

34. 答案：是F和E不可能是兄弟姐妹的关系。根据我们已经知道的条件，认真分析题意，即可得出正确答案。

35. 答案：简的妻子为了保住遗产，所以故意拿了没有墨汁的钢笔给了简，而简和库尔因为眼睛看不到，所以最终把没有字的白纸保存了下来。然而，虽然白纸上没有字，但却留下了钢笔画过的痕迹。如果仔细鉴定的话，还是可以分辨出来的，所以，遗嘱依然有效。

36. 答案：张山是54；李四是45；王二是4岁半。

37. 答案：凶手不是自杀，也不这三个嫌疑人所杀，而是死于医生之手。做此题，可用假设法：

1）假设死者是自杀。就会推出C承认自己杀了人，从而出现不合逻辑的情况。

2）假设死者不是自杀。A说"死者不是B杀的"是真的；B说"他是A杀的"是假，即不是A所杀；C说"死者不是我杀的"是真。既然凶手不是A、B、C所提及的人，那么只剩下医生了，因此结出医生就是凶手的结论。

38. 答案：副司机姓张。根据1、2、3、5、6这五个条件就可以推出副司机姓张；再根据第4个条件就可以司机姓陈，那么，孙就是司炉的姓氏了。

39. 答案：只有在张一打开自己的锁，而且张二打开自己的锁，而且张三打开自己的锁的时候，橱门才会被打开。这实际上是联言判断逻辑原理的应用。用逻辑语言来表达，即：只有当李一、李二、李三各白打开山自己的锁，分别为真时，"橱门打开"才为真；只要其中有一个肢判断为假，即"李一打开自己的锁"为假，或"李二打开自己的锁"为假，或"李三打开自己的锁"为假，那么"橱门打开"也就为假，即橱门不会被打开。

40. 答案：妹妹想再看到那个英俊帅气的男子，如果家里再死一个人，又可以举行一次葬礼，妹妹想，就可以再次见过他了。

41. 答案：今天是星期日。综上所述，除了星期日外，都不止一个人说到，所以，今天他们可以多睡会儿。

42. 答案：欧底姆斯所采用的基本手法，就是玩弄语词把戏，以混淆是非。概念是通过语词表达出来的，但二者又存在着差别，即不同的语词可以表达同一个概念，而同一个语词也可以表达不同的概念。然而，在日常生活中，常有人故意利用这种联系和区别，加以割裂或夸大，那旧势必会造成语词或概念的混淆。而欧底姆斯利用语词的不确定性，混淆同一语词所具有的各种不同涵义进行诡辩，所以，把这位青年弄着昏头昏脑的。

43. 答案：杀害医生的凶手是张三和李四。这是因为赵太太说了真话，由此可推断出张师傅作了伪证，那就是吴先生和李小姐没有一个说真话。那么从而推断出张三和李四都是凶手。

44. 答案：该医生在妻子吃了有毒的感冒药死后，悄悄溜回来用医用吸胃导管插入死者的胃里，将溶化的胶囊和氰酸钾吸出来。并且，又以同样方法将威士忌酒心巧克力用温水调化后注入死者的胃里。当然，那威士忌酒心巧克力的溶液里也掺了氰酸钾。这样，即使解剖尸体的胃，里面残存的只有未经消化的威士忌酒心巧克力，所以被误认为是吃了掺有氰酸钾的酒心巧克力致辞死的。

原来可以这样解释，你现在最想说的就是这句话了吧。是啊，这样解释也没错，不过现在总算明白什么叫做发散思维了吧。心理实验研究表明，今天的普通人仅用了不足1%的脑力，像爱因斯坦这样的天才也只用了2%左右的脑力。多用脑，就会越聪明，这句话是真的。

45. 答案：因为原文约上没有标点，后来断案时为："无鸡，鸭也可；无鱼，肉也可；唯青菜豆腐不可，少不得学费。"

46. 答案：这是有可能的。晶晶和亮亮是夫妇，晶晶是小孩儿的妈妈。

47. 答案：他们是星期六去的。"口"为"周"末；带的是点，"口"为"点"字的中心。

48. 答案：把绳子的一端拴在湖边的树干上，拿着另一端绕湖一圈回到原地，也拴在树干上，就可以安全地进入湖心小岛了。

49. 答案：聋哑人是窃贼。乘警喊着那个聋哑人的名字说："你可以走了。"那人转身就走，证明他是假装聋哑人作案。

50. 答案：小孩写的是"囚"字。

51. 答案：把两只桶放在水中，再把油倒来倒去，当两只桶浮在水面的高度相等时，油就平分了。

52. 答案：熊熊将线绳放在冰上，然后捧了几捧雪压贴在冰上，把雪吹化后，雪水凝结成了冰块儿，线绳也与冰凝结在了一起，也就能提起冰块了。

53. 答案：明明拿着气球的进气口，把气球的下半部塞进广口瓶内，向气球里面吹气，看到气球的一半膨胀得碰到瓶里的内壁时就停止。这时，如果再往气球里吹几口气，就可以拿起气球，连同广口瓶一同吊起来了。

54. 答案：张太太的管家把戒指偷来藏在了包子里，再把包子扔给了小狗，希望让小狗带出戒指。

55. 答案：胖胖和肥肥先过河，胖胖或者肥肥返回；黑熊独自划船过河，胖胖或者肥肥返回；然后，胖胖和肥肥一起划船过河。

56. 答案：地球是所有生物共有的，它不属于任何生物单独所有。

57. 答案：反间谍杀手熟悉铁路干线的地形，他跟踪到列车转弯时，列车出现了很大的弧度，他就从车尾开枪射击车头的秘密特工。

58. 答案：这口枯井有7尺深。

59. 答案：把若干台秤摆成一条直线，把木头横放在这些台秤上，然后将这些台秤上的数字相加，就是木头的重量了。

60. 答案：先拿起第2只杯子，把水倒进第7只杯里；再拿起第4只杯子，将水倒进第9只杯子。

61. 答案：因为陈叔叔已把她送到了家门口。

62. 答案：这些小猫说的都不对。猫妈妈买回的是一面有盒子装的镜子。

63. 答案：这是在白天。

64. 答案：仆人将羊毛剪下卖掉，将售出的钱连同1000只羊一并交给了财主。

65. 答案：小雪是利用洗衣机的计时器计时的。

66. 答案：妈妈教亮亮，要等汽车开过去后再过马路，而此时街上并无一辆车开过，所以，亮亮只好等在那里。

67. 答案：两人分别处在河两岸，一个渡过去，另一个渡回来。

68. 答案：一个是张老师的丈夫，一个是她的哥哥或弟弟。

69. 答案：医生是这个孩子的妈妈。

70. 答案：他永远也跳不上墙。

71. 答案：那就是发生日全食的那一天。

72. 答案：因为小余在慌忙中把车锁锁到了别人的车上了。

73. 答案：狮子。

74. 答案："小马哈"写上"查无此人"，便投回了邮筒。

75. 答案：小花猫用后爪抓鱼最后偷吃到了。

76. 答案：老猴从小猴手中夺来苹果，母猴又从老猴手中夺过苹果，最后，苹果落到了猴王嘴里。

77. 答案：招牌上的话是字谜，每句话正好打一个字，连起来意思是"有好酒卖"。

78. 答案：鹦鹉对小猫说："难道你没有发现，这些天，主人可是感冒得很厉害啊！"原来，鹦鹉是学主人咳嗽的。

79. 答案：小偷是在涨潮的时候驾小船来到别墅的，他偷东西来到海边时，水还没退，所以又驾小船回去了。此后潮退了，沙滩上很长一段就没有脚印了。

80. 答案：原来，年轻猎人寻找到一个很大的山洞，就向里面扔石头，然后冲着里面呜呜叫喊。洞里果真有"呜呜"回声，年轻猎人赶忙朝洞里射击，但没料到洞里开出一列货车，于是年轻猎人受伤了。

81. 答案：梅子、石榴和葡萄。

82. 答案：张老师说："我在听小树说话。它在哭，因为你都快把它的根摇断了。"

孩子们听了，一个个都低下了头，不再摇晃小树了。

83. 答案：没有变，因为水涨船高。

84. 答案：在阳光下，黑色比白色吸热，黑罐子比白罐子热。

85. 答案："天心取米"改为"未必敢来"。

86. 答案：如来佛脱下孙悟空的衣服，再他背上画了一个圆圈。孙悟空当然跳不出去了。

87. 答案：不知所云，离题万里。

88. 答案：包公下令不准喂饱千里马，夜里放走千里马，然后派人跟踪。千里马由于饥饿便又向昨夜喂它的偷马贼家里跑去，顺藤摸瓜，轻而易举地捉住了罪犯。

89. 答案：井水没有鱼，萤火没有烟，枯树没有叶，雪花没有枝。

90. 答案：凶、区、冈。（其他符合条件的字，也算正确。）

91. 答案：装满水的玻璃瓶被太阳一照，成为一块凸透镜，光线经圆瓶聚集成一点，时间一长，能把窗帘、桌布点燃，从而引起火灾。

92. 答案：穷书生将坏财主画成蹲在地上玩的模样，要是他直起腰来，就有1米高了。

93. 答案：丁当。

94. 答案：丁当干的。于坚说了实话。

95. 答案：什么都没画。

96. 答案：飞来的那一只不是老鹰。

97. 答案：第二天考政治。

98. 答案：她们是祖母、母亲和女儿3人。

99. 答案：靶子挂在枪口。

100. 答案：因为全死了。

101. 答案：乒乓球躲到墙角去了，大铁球撞到了墙上。

102. 答案：小朋友们玩跷跷板都知道，轻者离支点远，重者离支点近，这样才能保持平衡。但两边保持平衡，并不一定两边重量就一样。

103. 答案：黄豆与黄豆间缝隙较大，芝麻就把黄豆间的缝隙塞满了，所以，黄豆与芝麻混在一起装，就比黄豆与芝麻单独装多一些。

104. 答案：被雷电击中的是那个翻地的农民，因为他手里拿着导电的铁锄。

105. 答案：侵略者怕挨石丸，一定会飞走，而鹊窝的主人为建造和保卫暖窝付出了很大的辛苦，一定不会飞走。

106. 答案：因为用绿铅笔在白纸上写的字，在绿灯下，白纸上反射绿光，所以，看不见纸上的绿字。

107. 答案：小明顺手将水杯倒立在金鱼缸中了。

108. 答案：小青在糖盒里面放了一些糖果，且装得不多，这样盒子就放正了。

109. 答案：小狗已经长成了大狗，不再是小狗了。

110. 答案：小智叫司机把货车的每一个胎放一点气，货车降低了，就顺利地通过了城门洞。

111. 答案：化妆师将这个要犯化妆成了另一名正在通缉的凶犯。

112. 答案：这个司机当时并未驾驶车辆，他是步行"撞"入人群的。

113. 答案：因为凶恶的狼和小山羊不是在同一时刻迎面过桥的。

114. 答案：这是谐音"龟（归）字。归、归……速归（竖龟）。

115. 答案：今年真好，晦气全无，财富进门；昨晚生下，妖魔不是，好子好孙。

116. 答案：南来北往，实际是向同一个方向。

117. 答案：吴叔叔指的是乙踢球打碎了玻璃，说明只有丙说的是真话。

118. 答案：原来，绳子虽然绕在救生圈上，却没把救生圈拴住，小星抓住了绳子的两头也不起任何作用。

119. 答案：因为这是一辆车，车上有的是座位，不用让座。

120. 答案：甲、乙、丙3人中，两人喝可乐和水，并且吃汉堡，剩下一人不吃也不喝。

121. 答案：四样果品是：香蕉、甘蔗、枣子、核桃；每样买2斤，共付2.7元。

122. 答案：刘备说："树是先生根，后长干，最后才长出树梢。树既然是从下往上长，岂不是越在下面的排列就越大，越在上面的排列就越小吗？"听了这话，张飞就甘心当小弟弟了。

123. 答案：全都照不到太阳。因为地球不会发光，所以，地球绝对不会照到太阳。

124. 答案：树上的小鸟听见枪声都飞走了。

125. 答案：只要把这些花在每一个角落都摆一盆，再在每一面墙的中间摆一盆，就是每面墙都有3盆花了。

126. 答案：小刘说："一只你刚才已经用了，另一只回家后我爸爸用。"

127. 答案：原来考试题目是："贪污的手段主要有哪些？"

128. 答案：他用手先将地毯卷成筒，然后走到王冠跟前，捧走了王冠。

129. 答案：不是王叔叔接西瓜的技术不高明。原来，当张叔叔站在船尾向岸上扔西瓜时，人会受到力的反作用，船就会离岸移开，张叔叔与王叔叔的距离就加大了。

130. 答案：由于驾驶室的瞭望窗全部被蚊子遮盖，舵手不能分辨方向，致使油轮不幸触礁沉没。

131. 答案：贝尔纳的回答是："我抢离出口最近的那幅画。"

132. 答案：如果你出生时是睡觉时，那么你睡觉的次数就多一次；如果你出生时是醒着的，那么你醒着的次数就多一次。

133. 答案：盲大爷的回答是："我怕别人在黑暗中撞倒我。"

134. 答案：把软木塞压进了瓶子。

135. 答案：这位大力士像耍杂技一样，两只手将3根铁棒轮番抛起，因此总有一根铁棒始终腾空着，他就是这样杂耍着从桥上过江去的。

136. 使用倒推法：首先 $6 \times 4 = 24$，然后 $24 \div 3 = 8$，再然后 $8 + 2 = 10$，最后 $10 - 1 = 9$。因此，这个数是9。

137. 倒推法：你可能会认为每次都吃"一半又半个"，认为这不符合实际，于是就不去进行仔细认真地分析，被"半个"这一假象所迷惑。其实，只要使用倒推法，就很容知道第三天吃了 $0.5 \times 2 = 1$（个）鸡蛋，于是问题就可以迎刃而解了。

即：$[(0.5 \times 2 + 0.5) \times 2 + 0.5] \times 2 = (1.5 \times 2 + 0.5) \times 2 = 3.5 \times 2 = 7$（个）。

138. 使用倒推法：先求第四批运出后剩下多少吨原料：$24 + 24 \div 2 + 4 = 24 + 12 + 4 = 40$（吨）；再用倒推法求最初仓库里有原料多少吨：$40 \times 2 \times 2 \times 2 \times 2 = 640$（吨）。即仓库原来有640吨原料。

139. 倒推法：

（1）剩余的西瓜是多少千克？$1800 \div 3 = 600$kg。

（2）第二天所运200kg后的一半是多少千克？$600 + 30 = 630$kg。

（3）第二天所运200kg后有西瓜多少千克？$630 \times 2 = 1260$kg。

（4）原来的一半是多少千克？$1260 - 200 = 1060$（千克）。

（5）原有贮存多少千克？$1060 \times 2 = 2120$kg。

因此，水果站原来贮存西瓜2120kg。

140. 答案：57

解析：聪明错把减数个位上*1*看成*7*，使差减少*7 - 1 = 6*，而把十位上的*7*看成*1*，使差增加*70 - 10 = 60*。因此这道题归结为某数减*6*，加*60*得*111*，求某数是几的问题。

解：$111 - (70 - 10) + (7 - 1) = 57$

*141. 倒推法：*因为筐里的萝卜除了小新拔的就是小虎拔的，综合这两个人的话可以得出：小虎拔的*4*个萝卜是筐里萝卜总数的一半少一个，或者说小新如果给小虎一个，小虎的萝卜就是筐里总数的一般。因此求得：总数的一半就是：*4 + 1 = 5*（个），再求出总数：*5 + 5 = 10*（个）。

所以，筐里一共有*10*个萝卜。

*142. 倒推法：*设开始有*x*个香蕉，我们可以把*x*写成$(x + 4) - 4$。

第一个人来了，分给猩猩*1*个，此时还有香蕉：$(x + 4) - 4 - 1 = (x + 4) - 5$。

这时可恰好分成*5*份，每份的香蕉数为：$[(x + 4) - 5] / 5 = (x + 4) / 5 - 1$。

$(x + 4) / 5$必须为整数，所以$(x + 4)$是*5*的倍数，第一个人拿走一份后，剩下的香蕉为：

$(4/5) \times [(x + 4) - 5] = (4/5) \times (x + 4) - 4$。

第二个人来了，分给猩猩*1*个，拿走一份之后，剩下的香蕉数为：
$(4/5) \times [(4/5) \times (x + 4) - 5]$。

因为$(4/5) \times (4/5) \times (x + 4)$是整数，所以$(x + 4)$应是*5 × 5 = 25*的倍数，如此下去，五个人一分一拿，恰好剩下：

$(4/5) \times (4/5) \times (4/5) \times (4/5) \times (4/5) \times (x + 4) - 5$个香蕉，

故（x+4）必须是 $5×5×5×5×5$ 的倍数，即 $x+4=5^5$

所以，$x=3125-4=3121$，最少有 3121 个香蕉。

143. 顺着推算，比较困难，若使用倒推法，你会很快发现其中的奥妙。你可想获胜，那么你最后一次抓牌后，应只剩下 1 张牌。在之前的一轮，你应该留给对方 6 张牌，这样，无论对方抓几张，你总能在抓完牌以后留给对方一张。如以下分解：

他抓 1 张，你抓 4 张，还剩 1 张。

他抓 2 张，你抓 3 张，还剩 1 张。

他抓 3 张，你抓 2 张，还剩 1 张。

他抓 4 张，你抓 1 张，还剩 1 张。

再往前一轮，你应该留给对手 11 张牌……这样倒推每次留给对手的牌数应是：

$1→6→11→16→21→41→46→51$，使你立于不败之地。

144. 第 10 个人开始说："不知道自己头上的帽子的颜色。"这说明在这 9 个人中有一个人带白帽子，要不然他马上就知道自己带的是白帽子。

第 9 个人知道了 9 个人中有人戴白帽子，但不能确定自己帽子的颜色，这说明，前面的 8 个人中有一个人戴白帽子，所以他不能确定自己帽子的颜色。

以此类推，10 个人都不能确定自己所戴帽子的颜色。

因此，第一个人确定自己戴的是白帽子。

145.（1）好心人没有给第三个乞丐时，剩下的钱是 $(1+3)×2=8$

（2）好心人没有给第二个乞丐时，剩下的钱是 $(8+2)×2=20$

（3）好心人原本的钱有：$(20+1)×2=42$

因此，好心人口袋里有 42 元钱。

146. 倒推法:

因为每次报的都是 1～6 的自然数, 2000 - 1 = 1999, 2000 - 6 = 1994, A 要获胜, 必须使 B 最后一次报数加起来的和的范围是 1994 ～ 1999, 由于 1994 - 1 = 1993 (或 1999 - 6 = 1993)。因此, A 倒数第二次报数后加起来的和必须是 1993。同样, 由于 1993 - 1 = 1992, 1993 - 6 = 1987, 所以要使 B 倒数第二次报数后加起来的和的范围是 1987 ～ 1992, A 倒数第三次报数后加起来的和必须是 1986。同样, 由于 1986 - 1 = 1985, 1986 - 6 = 1980, 所以要使 B 倒数第三次报数后加起来的和的范围是 1980 ～ 1985, A 倒数第四次报数后加起来的和必须是 1979, ……。

把 A 报完数后加起来必须得到的和从后往前进行排列: 2000、1993、1986、1979、…。观察这一数列, 发现这是一等差数列, 且公差 d = 7, 这些数被 7 除都余 5。因此这一数列的最后三项为: 19、12、5。所以 A 要获胜, 必须先报, 报 5。因为 12 - 5 = 7, 所以之后 B 报几, A 就报 7 减几, 例如 B 报 3, A 就接着报 4 = 7 - 3。

(1) A 要获胜必须先报, A 先报 5。

(2) 以后, B 报几 A 就接着报 7 减几。

这样 A 就能一定获胜。

147. 采用倒推法: 从游戏的规则不难看出, 不能将最后的 1、2 或 4 根火柴留给对手, 否则对手会一次将它取走而获胜, 应将 3 根火柴留给对手, 你才能取胜。再倒推一步, 不能把 5 根或 7 根火柴留给对手否则对手会把 3 根火柴留给你导致你的失败。因此, 只能将 6 根火柴留给对手, 这样无论他怎么取, 你总能把 3 根火柴留给他。

从上面分析不难看出, 如果你每次取走火柴后留给对手火柴的根数总是 3 的倍数时, 你就必胜。

148. 从上图就会发现, 如果用顺推法我们很难算出小二原来有多少钱。如果我们反过来求解，就很容易算出原来的钱数。如果给老人32元，最后一次从树洞里取出的钱就是32元，第4次放进去的钱就是 $32 \div 2 = 16$ 元了，照这样倒推回去，就得到下面的图示：

这样倒着推，我们很快就能求出小二原来的钱数只有30元。

149. 倒推法：根据"剩余炭的2倍是1200吨"，就可以求出剩余炭的吨数；根据"第三次运出现有炭的一半又50吨"和剩余炭的吨数，就可以求出现有炭的一半是多少吨，进而可求出现有炭的吨数；用现有炭的吨数减去第二次运进的450吨，就可以求出原有炭的一半是多少，最后再求出原有炭多少吨。

（1）剩余炭的吨数是：$1200 \div 2 = 600$

（2）现有炭的一半是：$600 + 50 = 650$（吨）

（3）现有炭的吨数是：$650 \times 2 = 1300$

（4）原有炭的一半是：$1300 - 450 = 850$（吨）

（5）原有炭的吨数是：$850 \times 2 = 1700$

因此，货场原来有炭1700吨。

150. 凶手4小时前作案的时候，正值涨潮。潮水升到了杀人现场的汀线，海岸被海水侵蚀而形成的线状痕迹在汀线上，把被害者叫过来杀死，行凶后，凶手再沿着汀线离开了现场，足迹才能因此被冲刷掉。

151. 改变脚味逃走。

逃狱犯在森林中脱下帆布鞋，并往鞋里撒尿，再继续往前跑。如此一来，足迹的味道改变，警犬也被弄糊涂了。在森林中，因为地面有落叶，不但能掩盖小便的痕迹，也不会留下足印。

为了阻止警犬追踪，以小便掩盖足迹的技巧经常被使用在侦探小说中。换句话说，这是自家制的快速除臭剂。

如果是在牧场，因为到处都是牛马的粪便，若是故意踏在粪上逃亡，即可在中途使足迹的味道改变。

据说，就算是在野外历经 10 日风雨的足迹，警犬也能嗅出正确的味道。

152. 凶器是袜子。

凶器是塞在男子口袋里的袜子。袜子装满沙子后，硬如棍棒，用来敲死受害的那位女子。

之后，将袜子内的沙子倒出，凶器就不见了。

153. 帐篷扎营的位置不自然。

刑警看见帐篷搭在一棵大杉树下方，断定此为他杀事件。

为什么呢？

这两人是野外生活社团的团员，如果要在宽广的草原搭帐篷，应该不会搭在大树下方。搭在大树下方，万一气候急剧变化，有遭雷直击的危险。

更何况，群马县是多雷地区。

他们是当地大学生，又是野外生活社团团员，岂有不知落雷危险的道理。

154. 合欢树一到晚上，叶子就会合起来。这就是植物的"睡眠运动"。但是，即使并非夜晚，只要手碰或雨淋，叶子还是会闭。

因此，如果是在下雨时遇害，即使血飞散，由于叶子闭合，所以不会附着于表面。血之所以沾在叶子表面，他是在骤雨之前遇害。之后就算下雨，也因叶子闭合，沾在树叶表面的血不会被冲掉。

由于尸体被发现时已经下过雨，树叶再度打开。看见飞散在叶子表面的血，宫本武藏推测被害者是在骤雨前遇害。

如果是在下过雨之后才被杀，虽然血也会喷到树叶表面，但这样一来，尸体不致湿淋淋的。

155. 偏西风的缘故。

罪行发生的当晚所下的雨含有 4 日前中国在塔克拉玛干漠进行核爆试验的放射能成分。

鉴识人员以放射能测量器检查，却检查出尸体未含有放射能，因而轻易地拆穿了犯人的伪装。

在塔克拉玛干沙漠上空含有放射能的云，随着喷射气流，大约经过 4 天左右，即会到达日本上空。

156. 值得注意的是旅行箱的数量。假如是真正的夫妻，那么一般都是两人合用一个旅行箱或提包。否则，两人会各自带自己的旅行箱的。

像两个人的行李混放在一个旅行箱这种打包方式，不可能是各自住在不同地方的人。所以，A 夫妇就是罪犯。

157. 女店员是同伙。

可能性有两个。一是广播内容本身有可能是联络暗号，但这种暗号只限于通知对方，而不能进行接头。所以，答案只能是一个，即女店员是同伙。这么考虑顺乎情理。

158. 在 100 年前，这位朋友的祖父生了一对孪生子，在孩子长大后，父亲就在不同的地点给两人个各盖了一栋景观及室内装潢一模一样的房子。

案犯利用了这两栋房子，他在巴特的酒中加了安眠药，使他熟睡，转移到另一所房中去，又特意加上那个吵架打破的酒瓶，目的是造成黑屋消失的假象，阻碍他去调查珍宝。

159. 那对年轻夫妇是罪犯，为了避开这个女学生，在伦敦集合前先打昏她，然后由妻子打扮成女学生，他们把画藏在书包中，和这些学生的行李放在一起，躲过了检查。想等火车到巴黎后，再偷出书包，所以进入洗手间恢复本来面目。女学生的帽子和鞋子又大又重因而被她扔到了窗外。

160. 犯人其实是计程车的司机。

那名女子事实上和绑票并没有任何关系她只是受司机之托，从公园把皮箱拿走而已。

计程车司机把里面的钱拿出来之后，又把空的皮箱交给那名女子，拜托她放在车站的保管箱里。当然他也给了那名女子一些钱作为酬劳。

161. 约翰说那只鹿站起来时先立起前腿，而鹿站立时总是先立起后腿的。

162. 她在采取急救措施。真实的情况是，吉米和继母一起到树林里去，吉米的肩膀被毒蛇咬了一口，他的继母在当时没有其他办法的情况下只能用嘴把毒液吸出来。

163. 他是以手穿着那女人的 23 公分的高跟鞋，倒立着离开现场的。即使是个脚很大的男人，只要用手的话，仍然可以穿进高跟鞋的。

164. 那小伙子刚刚吃过冰块，舌头上的味觉细胞已被麻痹，分辨不出苦味了。

165. 睡在 909 号室的那名女子，因为听见窗子上有声音，所以就睁开眼睛，打开窗子探头出去看。而凶手从屋顶上伸下的绳圈便正好将她的头套住，于是她就被勒死了。

166. 这个宴会是个化装舞会。所以，舞会中的人认为他是化装成囚犯的样子，才穿着囚衣，因此反而非常欢迎他。

167. 司机把林楷山勒死之后，假装他上吊自杀，然后用电毯把尸体裹好，才开车去拉朱鸿。司机外出 3 小时回来后，先让朱鸿稍候，迅速上了二楼，把尸体上的电毯取下来，故 3 小时后尸体依然是温的。可见，放在林楷山口袋中的巧克力，也同样因高热而融化。所以，朱鸿看出了司机的阴谋。

168. 那两枚旧邮票乃是价值连城的稀世珍品。那位小姐的伯父是个推理小说迷，他将他的全部财产换成了这两枚旧邮票，留给了他的侄女。

169. 窃贼就是秘书。他使用自己房间饲养的鹦鹉盗走了装饰品，鸟类即使 3 楼的房间，只要窗户开着就可以自由出入。

那么，现场留下的那支火柴是怎么回事呢？

鹦鹉从窗户飞进房间时，如果鸣叫一声就会惊动家人，为了不让它叫出声，用一支火柴让它叼在嘴里飞进去，鹦鹉发现了桌子上放着闪闪发光的宝石，便丢下火柴换一颗宝石再叼回来。这只鹦鹉受过专门训练，火柴棍上的伤痕正是鹦鹉叼过的痕迹。

可是，再训练有素，鸟类也不懂宝石的价值，它不偷昂贵的宝石，而只叼走了廉价的戒指。使用鹦鹉即使在现场被发现，也会被当作鸟在淘气而放掉。这是罪犯精心策划的。

170. 财宝藏在炮弹里。

遭到"冒险号"的袭击时，穆尔船上的炮弹全部落在小岛的海滩上。

实际上，炮弹本身就是财宝，是用金块、银块制成的不爆炸的炮弹。他们在炮弹里填满了宝石代替炸药。

因此，故意放远射程，让炮弹落在海滩上。让人看上去像在惊惶失措的样子，好等事后再收回。

海盗基德对此感到奇怪。他想对手再怎么惊慌，也不致于如此偏离目标地乱放一气呀。他注意到了这种巧妙的手段。

171. 因为被射中的右脚是塑胶制的假足。假足的话，不论中多少枪都不会流血的。

172. 注意蚊子。

当天夜晚，梅琦躲在院子里，因为蚊子叮得很痒，所以不自觉地拍打蚊子。

因此，被打死的蚊子留在庭院中，也留下了梅琦的血。

被蚊子刚吸入的血液，因为血液还原性尚未破坏，所以查得出血型。

只有雌蚊会吸人及动物的血，一次的吸取量约2～5毫克左右。雄蚊只吸植物的汁，是素食者。

173. 他先用湿皮绳勒好牛仔，等太阳把牛皮绳晒干后，绳子会收缩，勒死牛仔。

174. 挡在现金运输车前面的轿车和紧随其后鸣着喇叭的客货两用车，都是抢劫现金的同伙。

那么，他们是如何从门锁完好无损的现金运输车中盗出3亿日元的呢？

首先，用轿车挡在现金运输车的前方，装作发动机熄火，以便制造作案时间。然后，抓住运输车走也走不了，退又退不得的时机，罪犯从后面客货两用车的底部出口钻出，贴着马路爬到运输车下面，再用小型电动切割机将运输车底部切开个洞盗出现金保险箱。电动切割机的声响被四周汽车的喇叭声所淹没，以致运输车上的保安人员没有察觉到。罪犯盗出现金保险箱后，又原路返回客货两用车中，然后再用对讲机通知前面轿车上的同伙。那女子收到信号后，立即发动车子逃离现场。

175. 是鸽子运来的。

囚犯萨姆每天在铁窗台上撒面包渣儿。在监狱外，其妻放出信鸽，信鸽发现面包渣儿，便向萨姆的牢房飞来。这样反复进行几次，等信鸽记住了单人牢房的位置后，其妻子在信鸽腿上绑上线锯的锉刀，然后放掉信鸽。于是，囚犯萨姆便顺利地搞到了锉刀。

鸽子可在监狱的高墙上自由飞进飞出，而监视墙上的看守是不会介意鸽子会传递线锯的。

176. 分析：第一步：猎人与狼先乘船过去，放下狼，回来后再接女人的一个孩子过去。

第二步：放下孩子将狼带回来，然后一同下船。

第三步：女人与她的另外一个孩子乘船过去，放下孩子，女人再回来接男人；

第四步：男人和女人同时过去，然后男人再放下女人，男人回来下船，猎人与狼再上去。

第五步：猎人与狼同时下船，然后，女人再上船。

第六步：女人过去接男人，男人划过去放下女人，回去接自己的一个孩子。

第七步：男人放下自己的一个孩子，把女人带上，划回去，放下女人，再带着自己的另外一个孩子。

第八步：男人再回来接女人。

177. 分析：第一个人选择17颗豆子时，存活几率最大。他有先动优势。他有可能被后面的2、3、4、5号逼死，但可能性不大。假如第1个人选择21颗豆子，那么1号将自己暴露在一个非常不利的环境下。2-4号就会选择20，五号就会被迫在1-19中选择，则1、5号处死。所以，1号会选择一个更小的数。

如果1号选择一个小于20的数，2号就不会选择与他偏离很大的数。因为如果偏离大，2号就会死，只会选择+1或-1，离死的概率会小一些。当考虑这些的时候，必须要学会逆向考虑。1号需要考虑2、3、4号的选择，2号必须考虑3、4号的选择，而5号会没有选择。

用100/6=16.7，1号最终必然是在16、17中做选择，这样的几率会很大。在分别对16、17计算概率后，得出有3个人会选择17，如果第四个人选择16，则为均衡的状态，但是4号选择16不及前三个人选择17生存的机会大；若4号也选择17，那么整个游戏的人都要死（包括他自己）！因此，只有按照17、17、17、16、N（1-33随机）

选择时，1、2、3号的生存机会最大。

178. 答案：A 是北区人；B 是南区人，获得铜牌；C 是中区人；D 是局外人，获得金牌；E 是局外人，获得银牌。

分析：说话者之中有一个是南区人，一个是中区人，一个是北区人，两外两个时局外人。

E 第 3 次说的话是真实的，B 的第四次陈述是真实的，因为 E 可以肯定要么是中区人，要么是两个局外人之一。

C 第 1 次说的可能是虚假的，也可能是真实的。如果是真实的，B 要么是南区人，要么是两个局外人之一。如果是假的，那么 C 就是中区人。

D 第 4 次陈述，即 C 不是北区人，是真实的。因此，B、C、D、E 每个人至少有一次真实的陈述。因此，A 是北区人，此陈述是假的。

A 第 2 次陈述，即 B 不是南区人，是虚假的。那么，B 是南区人，此说法是真的。

B 第 2 次陈述，即 C 的第一次陈述是虚假的，所以 C 是中区人。

C 第 1 次和第三次是虚假的，第二次和第四次陈述是真实的。以此，也可以推出 D 和 E 是两个局外人。

A 第 3 次陈述是虚假的，D 赢得了金牌。

B 第 1 次陈述是真实的，E 赢得了银牌。

C 第 3 次陈述，即 B 没有赢得铜牌，是虚假的，B 赢得了铜牌。

D 第 1 次和第四次陈述是真实的，第二次和第三次陈述是虚假的。

E 第 2 次和第三次陈述是真实的，第一次和第四次陈述是虚假的。

179. 从题意中可以很明显的发现小甜和小蜜并不是主人，而是水缸里养的两条金鱼，所以李管家并没有报警。因为没有其他人在房间，而水缸是不会自己翻倒的。安卡一日后被解雇了，因为她在工作中太不小心，打碎了水缸，致使两条金鱼意外死亡。

所以，李管家把安卡解雇了。

180. 答案：3条病狗。

分析：

（1）假如有1条病狗，那主人肯定不能看自己家的狗，出去没有发现病狗，但村长却说有病狗。他就会知道自己家的狗是病狗，那么第一天就应该有枪声，但是事实上大家并没有听到枪声，因此推出病狗不是一条。

（2）假如有2条病狗，设为甲家和乙家。第一天甲和乙各发现对方家的狗是病狗，但是第一天没有听到枪响。第二天就会意识到自己家的狗也是病狗。接着第二天就应该有枪响，但事实上也没有，所以2条病狗也不对。

（3）假设有3条病狗，设为甲、乙、丙家。第一天甲、乙、丙各发现2条病狗，他们就会想第二天晚上就会有枪响，但是第二天晚上没枪响，第三天晚上他们就会意识到自己家的狗也有病，所以开枪杀狗。因此通过假设，我们可以看出这个村里有3条病狗。

181. 分析：如果是一天早上8点，有"两个"和尚分别从山上的庙和山脚同时出发，并且只有一条路可走，你想他们是不是一定会相遇。换一种说法，就是小和尚在同一钟点到达山路上的同一地点。

回到问题，星期一和星期二都是8点出发，又是相向的走同一条路，如果能跨越时间思维的局限，星期一和星期二都的8点出发看成是小和尚有分身之术同一天的8点分别从山上的庙和山脚出发"今天的小和尚必然和昨天的自己"相遇就不难理解了。这样，就能证明小和尚能在同一钟点达到同一地点了。

182. 答案：一共有15艘船。

分析：首先我们先想一下，从美国纽约开往勒阿佛的海航线上总

会有7艘轮船，只有每天中午时，只有6艘轮船，每两艘轮船相距一天路程。今天中午从勒阿佛开出的船每半天（12小时）会遇到一艘从纽约来的船横渡一次的时间是7天7夜，本应是会遇到14艘，可是从勒阿佛开出的船是中午开出。因此最后一艘是在美国纽约遇到的，第一艘是在法国勒阿佛遇到的，所以正确答案是：路途中遇到13艘从纽约来的船。然后，还要加上在勒阿佛遇到的刚刚到达的从纽约来的一艘船，还要加上在美国遇到的准备出发的一艘船。

183. 分析：

第1次称量：天平左端放27个球。右端也放27个球。有2种可能性：A平衡、B不平衡。如果平衡了，那么下一次就以余留的80－27－27＝26个球作为研究对象。如果不平衡，那面选择轻的一端的27各球作为第二次称量的物品。

第2次称量：天平左右两边都放9个球。研究对象中还有8～9个球没有放入天平中。有2种可能性：A平衡 B不平衡。如果平衡了，那么下一次就以余留的8～9个球作为研究对象。如果不平衡，那么就选择轻的一端的9各球作为下次称量的物品。

第3次称量：左右两边个放3各球。研究对象中还有23个球没有放入天平中。有2种可能性：A平衡 B不平衡。如果平衡了，那么下一次就以余留的2～3个球作为研究对象。如果不平衡，那么就选择轻的一端的3个球作为下一次称量的物品。

第4次称量：天平的左右两边各放1个球。研究对象中还有0～1个球没有放入天平中。有2种可能性：A平衡 B不平衡。如果平衡了，那么余留的另一个球就是要找的球。如果不平衡，那么轻的一端就是你要找的球。

184. 答案：9月1号。

分析：首先，我们来分析一下这10组日期，经观察不难发现，只有6月7日和12月2日这两组日期的日数是唯一的。由此可以看出，假如小红知道的N是7或者2，那么她肯定知道老师的生日时哪一天。

再次，我们来分析一下小刘说的话，小刘说："如果我不知道的话，小红肯定也不知道"，而该10组日期的月数分别为3，6，9，12，而且相应月的日期都有两组以上，所以小刘得知M后是不可能知道老师生日的。

进一步分析，小刘说："如果我不知道的话，小红肯定也不知道"，通过结论2我们可知小红得知N后也绝不可能知道。

然后，结合1和3的分析，可以推断：所有6月和12月的日期都不是老师的生日，因为如果小刘得知的M是6，而若小红的N＝7，则小红就知道了老师的生日。

同样的道理，如果小刘的M＝12，若小红的N＝2，则小红同样可以知道老师的生日。即：M不等于6和9。现在只剩下"3月4日、3月5日、3月8日、9月1日、9月5日"五组日期。而小红知道了，所以N不等于5（有3月5日和9月5日），此时，小红的N∈（1，4，8）注：此时N虽然有三种可能，但对于小红只要知道其中的一种，就得出结论。所以有"小红说：本来我也不知道，但是现在我知道了"，通过这样的推理，最后就剩下"3月4日、3月8日、9月1日"三个生日。

分析"小刘说：哦，那我也知道了"，说明M＝9，N＝1，（N＝5已经被排除，3月份的有两组）。因此正确答案应该是9月1日。

185. 答案：江小姐养蛇。

分析：左、左二、中、右二、右

　　　赵、陈、钱、江、翁

187

黄、蓝、红、绿、白

开水、茶、牛奶、咖啡、香槟

梨、橘子、西瓜、香蕉、苹果

猫、鱼、鸟、蛇、狗

用表格来表示为：

姓 物品	9. 赵	3. 陈	1. 钱	13. 江	2. 翁
衣	7. 黄	14. 蓝	1. 红	4. 绿	4. 白
饮料	15. 开水	3. 茶	8. 牛奶	5. 咖啡	12. 香槟
宠物	10. 猫	11. 鱼	6. 鸟		2. 狗
水果	7. 梨	10. 橘子	6. 西瓜	13. 香蕉	12. 苹果

186. 答案：选 B.

分析：（1）如果赵不是 AB 是假的，则其余必真，赵是 AB 型与李也是 AB 型，血型各不相同矛盾：所以丁必真。

（2）如果李是 AB 是假的，则其余真，即李必为 B 型，但赵不是 AB 真也必为 B 型矛盾：所以李必真。

（3）如果王假甲真，其余真，（张 A，李 AB）丁 O，王 B 是可以的。

（4）如果张假王真，其余真，（王 O，李 AB）丁 A，张 B 是可以的。

综上所说，3 和 4 都无法确定谁真谁假，张假可以推出，王假可以推出，但李、赵说假话的题目就错了，什么都推不出。A 无论谁说假话范围太大，应该说无论张、王哪个说假话都可以推出：A、B、C、D 只有一个正确答案，那就是 B。

187. 答案：选 D。

分析：

A 中的酒精可以溶解碘，所以提取后会得到酒精、水和碘三者组成的溶液，不符合提取的要求，所以不能用酒精萃取碘水中的碘。

B 的道理和 A 比较相似，由于四氯化碳、苯、溴苯三种有机物可以两两互溶，也不符合提取条件。

C 中的裂化汽油里含有烯烃等不饱和烃，容易与溴发生加成反应，所以不能用裂化汽油萃取溴水中的溴。

D 的说法是正确的，由于十二烷是液态的有机物，不会与钠反应，而且可以起到隔绝空气和水的作用。所以可把金属钠保存到十二烷中。

188. 答案：五兔和六兔。

分析：

（1）首先，兔子也是分阶级的，因为大兔子病了，如果要救她，就必须牺牲一切代价，甚至牺牲一只兔子，也救他。

（2）其次，生病的是大兔子，可死的却是五兔子，很显然，五兔子是被做成了药引。

（3）"买药"其实一句黑话，实际上草药并不需要那么多，主要是药引。因此这个"买药"实际上是说指要去杀兔子做药引，所以断定三兔子是一个杀手。

（4）也许你不明白，被做成"药引"的为什么首先是五兔？其实这个原因很简单，是不是和做药引，医生说了算，二兔子就是医生。

（5）因此，我们可得知，二兔子"借刀杀人"搞死了五兔子。

（6）你知道那只兔子是母兔吗？想一下，爱哭，是女人的天性。因此我们知道九兔是一只母兔，九兔知道了真相，所以才哭个不停。

（7）可以断定"六兔子抬是一个病句，因为一只兔子根本就没有办法抬。他显然是被抬，因为他死了，所以才会被抬。而抬他的就是事后挖坑、埋尸的兔子，即七兔子和八兔子。

（8）看到这里，你肯定认为六兔子是被七、八两只兔子所杀。其实不然，他是被杀手三兔子杀死的。三兔子本来没想杀他，可它和五兔子的关系非常好，当时它们正好在一起，并联手对付它，因此三兔子借机把他们两个同时杀了。

189. 答案：洪与江、李与王、赵与徐、张与杨为夫妻。

分析：首先分析性别，因为李的爱人是洪的爱人的表哥，所以说明李是女性，当然，与李在结婚前同住在一个宿舍的徐和张也为女性。所以我们得出了：

男：赵、洪、王、杨

女：李、徐、张、江

接下来分析夫妻关系，从洪入手，因为洪夫妇和邻居吵架，徐、张、王来帮忙，说明了洪的对象不能是徐和张

所以洪的对象有两个可能：李和江。但是由于李的爱人是洪的爱人的表哥，所以否定了李，洪与江是对象。

下来分析李的爱人：因为洪夫妇与邻居吵架，徐、张、王都来助阵，这里只有王是男性，而且李的爱人是洪的爱人的表哥。所以说明王很有可能就是江的表哥，也就是李的丈夫。这样我们分析出了王与李是一对。

剩下的男性还有赵和杨，女性还有张和徐。第一句说了：赵结婚的时候张来送礼，说明赵不是和张结婚，所以赵和徐是夫妻。而张和杨是夫妻。

190. 答案：选择 B

分析如下：

A：只要考试不黑，我肯定能考上。因为不黑，所以 A 考上了

B：即使考试不黑，我也考不上。因为不黑，他可能考不上

C：如果考试不黑，我就能考上。因为不黑，所以他考不上

D：如果考试很黑，那么，我肯定考不上。因为不黑，他有可能考上或是考不上

上面四种分析后没有出现冲突，因此选B。

191. 答案：选A

分析：在世界总人口中，男女比例相当，但是，黄种人跟黑种人相比多得多。在白种人中，男性比例大与女性，由此可见：

（1）黄男＋黄女＞黑男＋黑女

（2）黄男＋黑男＋白男＝黄女＋黑女＋白女

（3）白男＞白女

通过（3），（2）

推出（4）：黄女＋黑女＞黄男＋黑男

结合（1），（4）相加，

得出（5）：黄男＋黄女＋黑女＋黄女＞黑男＋黑女＋黄男＋黑男

所以：黄女＞黑男

192. 小狗绕到南边，向北对黄鼠狼进行进攻。黄鼠狼放出的臭屁，总是被南风吹跑了。

193. 渡河方法如下：

a. 小赵、猫——A岛；

b. 小赵独自返回起点；

c. 小赵、鼠——A岛；

d. 小赵带猫返回起点，鼠则留在A岛上；

e. 小赵将猫留下，带狗去A岛；

f. 最后，小赵将狗留下，再返回岸边将猫接过来，便渡河成

功了。

194. 小骡说它的爸爸和妈妈也是骡子，这是不对的。因为骡子是不会生小骡子的。骡子有两种，一种叫马骡，它的爸爸是驴，妈妈是马；一种叫驴骡，又叫矮骡，它的爸爸是马，妈妈是驴。

195. 经理说："她是我们店里的塑料时装模特。"

原来，小李是个近视眼。

196. 刘建封马上一翻大襟搭在肩上，来了个金鸡独立。一手在上举过头顶，一手在下护腹，纹丝不动，怒瞪双目，厉声喝道："哼。你们哪里是我的对手，莫让我伤了你等性命，快去唤你们的武士来。"俨然一副中华武林高手的派头。几名捕快摸不清他的功底，不敢妄动，慌忙跑回去唤武士。趁这个工夫，刘建封已带好公文，直奔码头，乘船平安地回到了祖国。

197. 她感到身体在下沉时，便本能地伸直了双腿，又浮上了水面。这时她觉得头部很沉，疼痛难忍，原来是她那根3尺多长的毛辫子挂满了水中的柴草，她下意识地用双手抱住了后脑勺，仰面朝天，在水中漂流。她的这种姿势正好与水中的"仰泳"动作大体吻合。长长的毛辫子上挂着一片柴草，为蒋彩莲平稳漂流增添了浮力，产生了神奇的作用。

不知过了多少时辰，漂流了多长时间，蒋彩莲被飞泻直下的洪水卷入了一座拦洪水卷入了一座拦洪大坝，万幸的是她跌入坝底时随着翻卷的浪头趴在了水面上，她仍保持了以前漂流的姿势，直至她被救起。

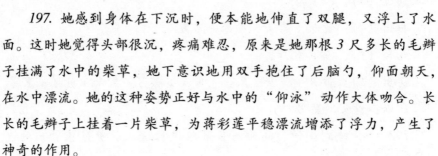